KB180934

NVivo R1(NVivo release 1): Matters of Why CAQDAS
(컴퓨터를 활용한 질적 자료 분석)

NVivo R1(NVivo release 1):
Matters of Why CAQDAS(컴퓨터를 활용한 질적 자료 분석)

© 박종원, 2020

1판 1쇄 인쇄__2020년 06월 15일
1판 1쇄 발행__2020년 06월 20일

지은이__박종원
펴낸이__홍정표
펴낸곳__글로벌콘텐츠
      등록__제25100-2008-24호
      이메일__edit@gcbook.co.kr

공급처__(주)글로벌콘텐츠출판그룹
      주소__서울특별시 강동구 풍성로 87-6(성내동)
      전화__02) 488-3280 **팩스**__02) 488-3281
      홈페이지__http://www.gcbook.co.kr

값 15,000원
ISBN 979-11-5852-289-6 93000

박종원 질적 연구 총서 시리즈 **18** ▼

http://cafe.daum.net/etwas777 (온라인 상담)

NVivo R1

NVivo release 1: Matters of Why CAQDAS
(컴퓨터를 활용한 질적 자료 분석)

글로벌콘텐츠

NUD*IST 세대에서 시작해서 최근 NVivo 12까지 계속 사용자로 팔로우를 하면서 나도 모르게 한국에서는 NVivoist로 알려졌다. NVivo 관련 책도 많이 발간했고 저자가 주관하는 워크샵을 통해 늘 반복되는 주제가 있었다. 워크샵 참여자에게 가장 습득하기 힘든 기능은 무엇이고 왜일까? 논문 발간에 필요한 최소한의 중요 기능을 잘 이해하고 나면 논문 관련 졸업 시기를 앞당길 수 있는 것일까? 연구는 선행연구를 떠나서 말을 할 수 없기에 특히 NVivo 관련 논문에서는 어떤 연구 방법이 연구자들이 선호하는 기법으로 활용되었을까? 현장과 선행연구간의 괴리감을 파악한다면 서로 환류 효과가 있지 않을까? 다시 말하면 연구자들이 가장 많이 활용하는 NVivo 주요 기법을 습득한다면, 그리고 워크샵에서도 이러한 기법에 더 초점을 둔다면 워크샵 참여자의 논문 발간 확률을 높이는 것이 아닐까?

2020년 4월 29일 현재 전 세계적으로 NVivo는 많은 연구자의 사랑을 받고 있는 것이 사실이며, 특정한 기법은 계속 반복해서 여러 논문에서 활용 되고 있다. 아래의 표를 살펴보자. 표에 따르면 연구자들은 NVivo에서 주요 기법 중 문헌조사, 분류, 코딩, 검색, 사회 네트웍 분석, 지도를 주요 도구로 활용을 하였고, 이중에서 특히 코딩의 하부 영역에서 automated coding, matrix coding이 주로 활용 된 것을 알 수 있다. 그런데 automated coding은 이 기능만 한국어가 지원이 되지 않는다는 이유 때문에 국내에서는 관심 영역 밖이었는데 실제로 autocoding이 연구자에게 줄 수 있는 잠재력은 무궁 무진 한 것으로 한국에서 NVivo 사용자의 경우 비중 있게 다시 살펴 볼 필요가 있다.

검색 또한 다양하게 하부 영역에서 선행 연구자의 연구 도구로 활용 된 것을 알 수 있겠는데, Crosstab의 경우 강력한 분석력에도 불구하고 한국에서는 평가 절하

되고 외면당한 기능이라고 해도 과언이 아닐 것이다. 감정 분석도 Crosstab과 마찬가지로 우리의 관심 밖이었으며, Word frequency, coding comparison, hierarchy diagram, word cloud, cluster analysis는 그나마 국내의 경우는 활용되는 예를 빈번하지는 않지만 분석 기법으로 활용되는 경우를 가끔은 국내 논문에서 볼 수 있다. NVivo를 활용한 소셜 네트워 분석이나 지도를 활용한 연구 결과를 보는 것 또한 한국에서는 흔한 일은 아니다. 연구를 같이 하는 동료의 말에 따르면 외국에 논문을 투고 할 때 논문 심사자에게 흔히 듣는 권고 사항이 NVivo로 원 자료를 다시 분석해서 제출하라는 것은 이제 흔한 일이 되었다는 것이다. 한국에서 연구자들에게 NVivo의 의미는 무엇일까? 적어도 저자의 관찰에 따르면 인터뷰나 기타 질적 자료를 입력하고 코딩하고 반복되는 주제를 NVivo를 통해 잘 정리해서 제출하는데 조력이 되는 도구 정도로 인식 되고 있다고 생각한다.

NVivo로 코딩을 하고 주제를 보고하는 기능은 NVivo로 할 수 있는 최소한의 기능이고 우리가 열심히 코딩을 하는 것은 주제를 파악하기 위함인데 NVivo R1의 검색 기능에는 우리가 상상 할 수 없는 매력적인 도구들이 많이 있다. 물론 코딩을 하고 주제를 분석하는 것이 잘못된 일이라고 말하는 것은 아니다. 현상학적으로 접근하는 연구의 경우 코딩을 하고 주제를 파악해 나가는 방법에는 전통적으로 내려 오는 신뢰가 존재한다. 그러나 현상학적 접근이 질적 연구를 대표할 수는 없고 사례연구, 민족 기술학, 실행 연구와 같이 자료 삼각망을 강조하는 연구의 경우 다양한 소스의 자료를 정리하고 분석하는 것은 코딩과 주제 찾기 이상의 공이 드는 일이 분명할 것이다. 또한 질적 연구와 양적 연구의 중간에 존재하는 혼합 연구의 경우 분명 질적 자료와 양적 자료가 혼재하면서 분석을 가능하게 하는 도구가 있어야 하는데 NVivo R1이 가장 적절한 도구가 되리라 믿는다.

표 1. NVivo 분석 기법을 활용한 논문 예시

NVivo Technique	Detailed technique	Related literature
Literature review		Raffaele Cioffi et al. (2020)
		Derin et al. (2020)
Classification		Prabowo (2020)
Coding	automated coding	Maarten et al. (2007)
	Matrix coding	Park et al. (2020)
		Jagnoor et al. (2020)
	Matrix coding + attribute	Park (2004)
		Park (2012)
		Park (2013)
		Park and Park (2016)
		Hur and Park (2018)
	interrator corder reliability	Park and Park (2018)
Search	Cross Tab	Swygart-Hobaugh (2019)
	Sentiment analysis	Easpaig et al. (2020)
	Word frequency	Derin et al. (2020)
	Coding comparison	Sun and Cai (2013)
		Robertson et al. (2019)
	hierachy diagram	Zhang et al. (2019)
	Word cloud	Raffaele Cioffi et al. (2020)
	cluster analysis	Park and Park (2018)
SNA		Campbell and Lambright (2020)
		Rantala et al. (2020)
Map	concept map	Bakla and Beyazit (2020)

::: **노트** :::

NVivo 기법을 사용한 논문을 보기를 원하는 사람은

본 저서의 Works cited 참고

국내와 국외의 NVivo 관련 연구 영역의 격차를 좁히고 다양한 기능을 활용함으로서 창의적이고 생산적인 논문을 양산하는데 일조 하는 기능을 익히는 것이 시급한데 앞의 표가 방향을 잡아주게 되었고 본서를 발간해야만 하는 목적이 되었다.

2020년을 사는 우리에게는 다양한 방법의 의사소통 방식이 존재한다. 그 속에서 사람들을 이해하고 탐구하는 방식도 달라져야 할 것이고 NVivo R1은 업그레이드된 기능을 탑재하고 우리를 찾아왔다. 저자의 경험을 바탕으로 볼 때, NVivo R1을 권하는 일에 전혀 주저하지 않고, 좋은 도구를 통해 연구의 효율성과 생산성을 높이기를 간절히 바란다.

NVivo R1(NVivo release 1): Matters of Why CAQDAS
관련 프로젝트 링크에 가서 다운 받기

https://drive.google.com/file/d/1iCpwch3egSyPKNxuCGs3p3fX3GXJoOYR/view?usp=sharing

●● 목차 ●●

VI. NVivo R1 자료 설명 / 64

VII. 문헌조사 / 89

부록 / 229

왜와 어떻게, 무엇이 먼저인가?

우리는 살아가면서 많은 것을 결정해야 한다. 취업, 결혼, 전공 결정 등이 그 수많은 예 중의 하나가 될 수 있다. 어떤 일을 결정해야만 하는 순간에 내가 왜 이것을 선택해야만 하는 지와 이 일을 어떻게 하면 잘할 수 있을 까는 분명 순서가 있는 가장 중요한 질문이다. 왜와 어떻게 중에 어떤 것이 먼저 해결되어야 다음 질문으로 넘어 갈 수 있을까? 두말 할 것 없이 어떻게 보다는 왜라는 질문에 대한 답이 명확해야만 어떻게 이것을 잘 수행 할 수 있을까에 대한 답을 얻는 과정도 더욱 쉬워질 것이다. 초보 연구자의 경우에 연구 방법론에 너무 집착하고 그만큼이나 연구 관련 소프트웨어에 대해 거의 병적인 수준의 집착을 보이는 경우가 있다. 어떤 소프트웨어를 소유하고 있고 알고 있다는 것이 마치 자신의 연구 방법론에 대한 이해의 수준을 업그레이드하는 전리품 정도로 과시하는 일종의 지적 허영심으로 세월을 낭비하곤 한다. 이러한 질문을 하는 두 번째 이유로 국내에서는 질적 연구 방법론이 많이 개설되어 있지 않고 지도교수님의 강력한 권유로 안 해본 것을 해 봄으로서 스스로 배움의 기회를 가지겠다고 하고 그래서 NVivo를 배워야 하겠다는 것이다. 두 가지 경우 모두 왜라는 문제는 여전히 해결되지 않은 채 그저 무엇인가를 열심히 하면 잘 될 것이라고 믿는지도 모른다. 하려고 하는 일에 대해 제대로 이해도 못하면서 말이다.

어떤 일을 왜 하는지에 대한 문제가 먼저 해결되지 않는 사람에게는 결코 밝은 미래란 없다는 것을 불을 보듯 훤한 일이 아닐까? 많은 사람들이 결혼을 하기 때문에 나도 한다면 나도 결국 모든 사람들이 지나가야만 하는 과정 속에서 하루하루 울고 웃는 삶을 살아야만 하는 것이 아닐까? 2020년 코로나의 여파로 비면대면 강의를 계속 진행하고 있는데 어쩌면 연구자 스스로가 소위 말하는 혼자임으로 기인한 독백과 우울증의 증조를 보이고 있지 않나 하는 마음이 들어 더 이상 앞의 질문에 대한 독백은 멈추고 간략히 정리하자면 NVivo 잘하고 못하고는 두 번째 문제이고 왜라는 질문과 관련해 지난 20년 동안 NVivo 강사로서 저자의 경험을 통해 관찰된 반복되는 주제에 대해 말해 보도록 하겠다.

제 1 장

양적 연구와 질적 연구 패러다임 개관

어떤 연구 방법론을 사용 할 것인지를 결정하기 전에, 연구자의 연구 방법론 강의와 연구 경험을 토대로 생각해 볼 때, 여러 가지 선결 조건에 대해 살펴보자. 학생들은 자신이 통계를 잘 알고 있고, 신세계를 체험 하고 싶어 질적 연구 방법론을 수강한다고 하거나 통계는 싫고 이야기 나누기가 숫자 보다는 자기에는 딱 좋아서 질적 연구 방법론 수업을 수강한다는 것이다. 학생들의 이런 말을 들을 때마다 학생들이 말하는 통계가 무슨 의미인지를 묻곤 했는데, 흔한 반응은 침묵이나 애매모호한 미소를 학생들이 나에게 보내곤 했다.

연구자가 자신의 가설을 검증하기 위하여 실험 연구를 수행했다고 하자.

연구자의 연구 질문은

학생들은 멀티미디어 수업에 노출 되었을 때, 말하기, 읽기, 쓰기, 듣기 영역에서
전통 학급이나 통제 집단 보다 성적의 향상에서 차이를 보이는가?

이라고 하자. 본 연구에서 필요한 최소한의 연구 참여자의 수는 몇 명인가? 본 연구의 경우 독립변수는 두개인데 첫 번째는 교수법으로 멀티미디어, 전통 학급, 그리고 통제 집단이고, 두 번째는 학습자 능력으로 상중하로 나누어진다. 종속변

수는 4개로 말하기, 듣기, 읽기, 그리고 쓰기이다. 그렇다면 본 연구에서 가장 적절한 통계 분석 기법은 무엇인가?

통계 이야기로 들어가기 전에, 연구의 일반적인 구성 요소라고 하는 큰 그림부터 펼쳐 보자. Maxwell (1995)에 따르면, 연구 구성요소는 다섯 가지가 있다고 한다.

목 적

영어회화시간에 말하기 장애요인을 분석할 것. 외국어를 배우는 학습자로서 현재의 학습이 자신의 삶에 주는 의미 재고. 동료 간에 존재하는 집단동력의 이해. 학습자의 욕구를 파악함으로서 영어 화화를 담당하는 원어민 또는 한국인 교사들에게 효과적인 지침서 제공. 학습자의 대면 접촉에 영향을 주는 사회 및 문화적 요소에 대한 지식의 범위를 확장

연 구 배 경

언어적 사회적 관점에서 본 언어 습득의 핵심적 요소(EFL 상황에서 동료의 집단동력에 관한 연구의 절대적인 빈곤)
ESL과 EFL 상황에서 학습자이자 또 동시에 교육자인 연구자의 경험 현재의 연구를 진행하기 전에 2년 동안 연구 지역, 참여자와의 공식적 및 비공식적 접촉 유지Pilot study(Park, 1996, 1998, 2000)

연 구 질 문

1. 교실 내에서 말하기 장애요인은 무엇인가?
2. 선행 연구인 ESL 상황에서의 말하기 장애요인과 비교해 볼 때 공통점과 차이점은 무엇인가?
3. EFL 상황에서 교실 밖에서 학습자들이 목표어를 사용하는 전략은 무엇인가?

방법론

인터뷰
open-ended and developmental : 남학생과 여학생 각각 1명
focused group discussion : 남학생과 여학생 각각 2명
원어민 교사 남자 및 여자 각각 1명
관찰
수업 : audio 및 video taping
일기 : 학생 30명
설문조사

타당성

자료, 방법, 그리고 이론의 triangulation

관련문헌에서 유사한 연구와의 비교

피이드백과 집단점검

연구 개념 지도

앞의 그림에서도 알 수 있듯이, 연구 방법론은 연구 목적과 배경 사이의 상호작용 후에 고려되어야 한다는 것이다. 연구 방법론은 개인의 취향이나 자신만의 방법론의 약점을 가리기 위한 도구가 아니다. 초보 연구자들은 말하기를 나는 이 연구가 흥미롭고 편해서 하고 싶다고 하는 경우가 흔히 있다. 물론 연구 방법론에 대한 연구자의 개인적 취향은 존중 되어져야 하나 그 이유가 특정한 연구 방법론을 선택 한 것에 대한 정당성을 확보 할 수는 없다. 양적 연구 방법론 선택에 대해서 Oh (2003) 는 세 가지를 특히 강조하는데, 첫째, 동시에 분석되는 변수의 수, 둘째, 측정 변인은 기술 통계와 추론 통계 중에서 무엇에 해당하는가? 마지막으로, 측정치의 종류 (범주형, 순위형, 등간형, 그리고 비율형)라고 말한다. Oh (2003)는 자료 수집 전에 이 세 가지를 충분히 고려 할 것을 강력하게 권고한다.

1. 변수의 수

아래의 표는 변수의 수에 영향을 받는 통계 기법을 도식화 하였다.

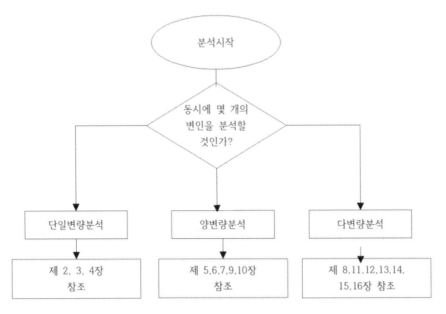

통계분석 기법 개관

2. 기술과 추론 통계

기술은 샘플에서 추출된 자료의 가장 기본적인 특성을 요약한다. 예를 들면, 설문지 응답자들은 하루에 평균 몇 시간 TV를 시청하는가? TV 평균 시간은 응답자 개인간 어떤 차이를 보이는가 또는 응답자 연령과 TV 시청 량 간의 관계가 있는가?

반면에 추론 통계의 목표는 샘플에서 얻은 통계 값이 모집단 전체에 적용 가능성을 추론하는 것을 목표로 한다. 예를 들면, 확률 이론을 근거로 연구에 참여한 표본 집단이 하루에 세 시간 반 TV를 시청한다면, 표본의 모집단은 하루 평균 몇 시간 TV를 시청하는가? 사람들의 TV 시청에 있어 관계나 차이는 모든 한국인에게 적용 가능한가? 추론 통계에서는 주로 이러한 질문을 던지고 답을 찾는다.

종속법은 일련의 독립 변인으로 예측하고 설명 할 수 있는 하나나 그 이상의 종속 변인을 할당하는 방법이다. 예를 들면, 연구자가 국가의 GNP, 문화, 그리고 도시화의 정도를 독립 변인으로 설정하고 media의(TV, 신문 등) 분포를 조사 할 수가 있겠다. 독립법은 변인 간의 관계나 인과 관계를 전제로 하지는 않는다. 즉, 시청자의 교양의 정도가 미디어의 사용을 증대하거나 그 반대의 경우인지를 고려하지 않는다. 어떤 전제가 연구의 과정과 결과에 위협을 가할 경우 연구자는 독립법을 주로 채택한다. 아래의 그림은 종속법 및 독립법의 선택 기준을 제시한다.

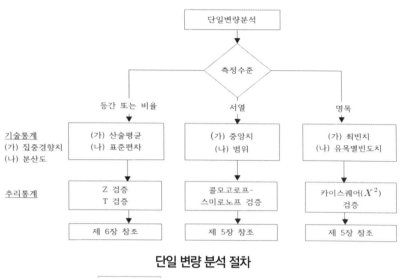

단일 변량 분석 절차

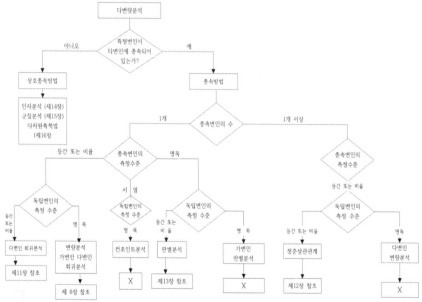

다변량 분석 절차

연구자의 다중 변인 지명 여부와 관계없이 독립법이나 종속법이 결정된다.

3. 측정치

적절한 통계 분석 기법을 선택하는데 있어 세번째 기준은 측정 스케일이다. 측정 스케일은 범주, 순위, 등간, 그리고 비율로 나누어진다. Kibby (1995)에 따르면, 연구자가 변인 X와 Y 간에 관계를 알고자 한다면, 측정 스케일은 그 무엇보다도 중요하다. 변인 간의 관계를 보는 것은 양적 그리고 질적 연구의 공통 관심사이다. 아래의 표는 상관관계 수행에 있어 변인의 종류를 바탕으로 수행 가능한 상관 분석을 열거하였다.

Procedure	Common Symbol	Variables (X and Y)
Pearson Product-Moment	r	Continuous & Continuous
Spearman *Rho* (rank order)	ρ	Rank Order & Rank Order
Kendall *Tau* (rank order)	τ	Rank Order & Rank Order ($n<10$)
Eta (non-linear data)	η	Continuous & Continuous
Biserial	r_b	Artificial Dichotomy & Continuous
Point Biserial	r_{pb}	True Dichotomy & Continuous
Tetrachoric	r^t	Artificial Dichotomy & Artificial Dichotomy
Phi coefficient	ϕ	True Dichotomy & True Dichotomy
Partial	$r_{ab.c}$	
Multiple	R	

측정 스케일에 따른 상관 분석 기법

분석할 변인 수, 분석 목적, 그리고 측정 스케일이 결정되면, 적절한 통계 분석 기법은 자동으로 결정된다. 자료 유형이나 연구 목적으로 본다면 전술한 멀티미디어 연구는 Three Way ANOVAs가 될 것이다. 서로 다른 세 그룹의 학습 노출 조건, 네 개의 종속변수 모두에게 적용되는 측정 스케일은 연속형 이고, 연구 목적이 멀티미디어 교수법이 네 가지 언어 스킬 습득에 있어 다른 어떤 교수법 보다 효과적이라는 가설을 입증하는 것이다.

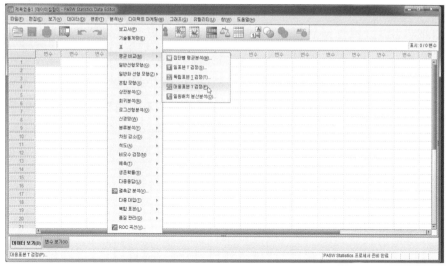

SPSS 시작 창

자료를 분석하기 위하여, SPSS로 갈 것이고, 연구자의 선택 범위는 무궁무진하다. 위의 표는 연구자가 분석 가능한 선택의 폭이 무엇인지를 알려주는 것으로 연구자가 내가 통계 한다고 말하는 것은 아무런 의미가 없다. 이 말은 주거지가 어디냐는질문에 대한민국이라고 답하는 것과 같다. 정확한 답은 실제 주거지가 있는 행정구역이어야 할 것이다. 질적 연구도 마찬가지이다. 번지수가 없는 집은 세상에 없지 않은가? 집이 한 채 건 두 채 건 간에 아니면 슬픈 경우에 집이 없는 건 어쩔 수 없으나 집 한 채와 두 채를 가지고 있는 소유주의 수입을 알아보는 연구나 집의 소유 수와 상관없이 행복의 의미를 개인별로 탐구하는 연구 그 무엇이라도 존재하는 한 분명 행정 구역상의 상징화 된 일대일 대응을 피할 수 없다는 말이다.

조사 목적이 가설 검증이 아니고 참여자가 자신의 현실에서 의미를 찾는 것에 초점을 두고 싶다면, 이때 방법론은 선택이 아닌 필수로 질적 연구를 수행하여야 한다. 질적 연구자들은 다중 현실이 공존하고 있으며, 하나의 현실에 대해 다의적 해석이 가능함을 역설한다. 질적 연구자들에게 고정적이고 모두가 받아들이는 현실이란 없다고 본다. 우리가 하나 더하기 하나가 둘이라는 사실은 이미 알려진 객관적 사실이다. 하지만 개인의 경험을 바탕으로 보았을 때 이와 같은 객관적인 등식은 반드시 하나로 통일되지 않을 수도 있다. 예를 들면, 가족의 경우, 각각의 개체가 만나 자식을 놓고 또 그 자식이 자식을 놓고 함께 성장 하는 과정이라면, 어떤 사람의 경우 하나 더하기 하나가, 하나가 되었다가 셋이 되고 또 그 만큼의 수로 확장되어 가는 등식으로 해석 할 수 있다. 또 다른 예는 전통적으로 가부장의 상징은 아버지였으나 모계 사회에서 가장이자 결정권자는 반드시 남성에 국한 되는 것은 아니었다. 지금의 경우 가장은 집안을 이끌어 나갈 수 있는 경제 활동의 주체라고 한다면, 그 주체가 남자 일수도 있고 시간의 경과에 따라 여성으로 바뀔 수 도 있고 좀 더 희망적이라면 둘을 반반씩 나누는 것을 더 선호하는 것이 바로 우리가 살고 있는 사회 일 수도 있다. 이것이 질적 연구자들이 바라보는 다중 현실과 간주관성의 요체라고 볼 수 있다.

Damen (1987)은 질적 연구 방법론을 영어 교육에 적용할 가능성을 아주 오래전에 역설한 바 있다. 그가 말하는 민족 기술학 연구에서 7단계가 영어교육의 맥락속에서 질적 연구 또는 문화 연구를 용이하게 하고 있음을 역설한다. 아래의 그림은 "실용 민족 기술학"을 요약 하였다. Damen에 따르면,

> "...'단계'라는 용어는 잘못되었다. 단계는 탐구 단계로 반복 순환적 특성이 있고 문화 탐구가
> 지속되는 한 반복되어야 한다. 이러한 과정은 1단계부터 7단계로 3에서 6단계는 계속 반복
> 된다. 질문, 답변, 가설, 또는 분석은 더 많은 질문, 명확한 답변, 그리고 더욱더 정교한 가설
> 창출의 과정을 말하는 것이다." (p.68)

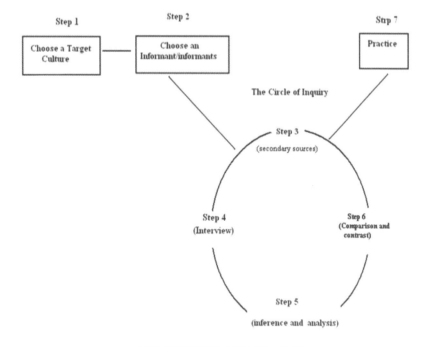

실용 민족 기술학 수행 과정 7단계

전술한 양적 연구의 예에서는 통계 분석이 주된 관심이었고 연구자는 가설로 연구를 시작하였다. 이와는 대조적으로 질적 연구의 경우 연구자는 가설로 연구를 시작하지 않는다. 가설을 검증하는 것이 목적이 아니고 연구자는 적절한 질문과 명확한 답변 그리고 좀 더 적절한 가설을 탐구해 나가는 것이다. 질적 연구에서 가설이 있다면 위의 그림에서는 5단계에서 가설이 나온다고 볼 수 있다.

요약하면, 통계 분석은 수직 관계라고 하면 질적 연구는 순환과 반복의 연속 과정을 따르고 있다. 따라서 질적연구에서 가설의 의미는 영구적이며 지속되는 과정으로 심지어는 연구가 종료된 후에도 계속 된다고 보는 학자들도 있다. 이러한 맥락에서 질적 연구는 연구자가 조사하는 연구 현상을 효과적으로 이해하기 위해 지속적으로 탐구하는 활동으로 정의 할 수 있다.

연구 질문과 연구 가설이 분석의 선택에 어떻게 영향을 주는지에 대해 논해보

자. Oh (2005)는 연구 가설이 어떻게 특정한 통계 기법과 관련성이 있는지를 아래의 표에서 매우 간결하게 잘 설명해 주고 있다.

번호	연구 가설	통계 방법
1	평균 TV 시청량	산술 평균, 중위수, 최빈수
2	성별에 따른 의존 매체의 차이	z 검증
3	남녀 두 집단의 신문 독서량의 순위차이	중앙치 검증, Mann -Whitney U 검증
4	남녀 두 집단간의 신문 독서량의 차이	T-test
5	교육 수준간의 TV 시청량 차이	One Way ANOVA
6	성별 및 교육 수준에서 본 신문 독서량 차이	Two Way ANOVA
7	연령과 신문 독서량, 교육수준과 신문 독서량의 상관관계	Pearson Correlation
8	연령과 신문 독서량의 서열 순위의 관계	Spherman rho
9	연령의 증가에 따른 TV 시청량의 변화	Regression
10	연령과 교육이 TV 시청량에 미치는 영향	Multiple Regression
11	두 변인 군간의 상관관계	Canonical Correlation Analysis
12	신문 독서량과 TV 시청량이 교육 수준을 구분하는 기능	Discriminant Analysis
13	인물에 대한 인지도의 유형 분석	Factor Analysis
14	신문 독서량과 TV 시청량에 따라 몇 개의 집단으로 분류	Cluster Analysis

연구 가설과 통계 분석 기법간의 관계

양적 연구자가 연구 가설을 가지고 현장으로 들어간다면, 질적연구자는 연구 초기에 가설로 연구를 시작하지는 않는다. 질적 연구에서 가설은 연구 후반에 나오며 현장에서 어떤 일이 진행되는지에 대한 관찰을 토대로 도출된다. 연구 질문이 연구 중반부에 나오면 그 질문에 대해 가장 적절한 대상을 연구자의 주관과 연구 목적에 가장 부합하는 대상을 선택적으로 그리고 편의상 정한다. 연구자가 선택한 사람들을 통하여 패턴을 찾는다. 예를 들면, NVivo R1의 Environmental development down east 에서 분석 가능한 자료를 넷으로 나눌 수 있다:

1) Codes, 2) File classification, 3) Cases, 4) Case classification이다.

Codes 는 연구자가 주로 원 자료를 읽고 코딩을 한 결과물을 말하며 Environmental development down east에서 나온 코딩은 다음과 같다.

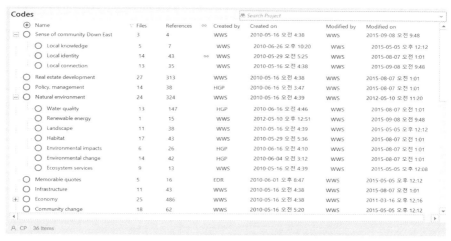

Environmental development down east 코딩 목록

File Classification은 원 자료와 관련한 demographic data로 Environmental development down east에서 나온 File Classifications는 아래와 같다.

File Classifications						
⊕ Name	/ Created on			Created by	Modified on	Modified by
⊟ 🎞 Image-General	2010-06-15 오전 5:40			HGP	2015-07-28 오전 1:37	WWS
⊕ Name	Type	Created on		Created	Modified on	Modifie
⊞ Source	Text	2010-06-15 오전 5:40		HGP	2015-07-28 오전 1:22	WWS
⊞ Township	Text	2010-06-15 오전 5:41		HGP	2015-07-28 오전 1:22	WWS
⊞ Date Taken	Date	2010-06-25 오전 5:45		WWS	2010-07-26 오후 1:16	WWS
⊞ Date Data Access	Date	2015-07-28 오전 1:22		WWS	2010-07-26 오후 1:17	WWS
⊞ Scale	Text	2015-07-28 오전 1:22		WWS	2010-06-25 오전 1:24	EDR
⊟ 🎞 Image-GIS	2010-06-14 오후 11:27		WWS		2010-09-27 오전 8:52	WWS
⊕ Name	Type	Created on		Created	Modified on	Modifie
⊞ Data Source	Text	2010-06-14 오후 11:27		WWS	2010-07-26 오후 1:17	WWS
⊞ Data Layer--1999	Boolea	2010-06-14 오후 11:27		WWS	2010-07-26 오후 1:17	WWS
⊞ Data Layer--2008	Boolea	2010-06-15 오전 5:23		HGP	2010-07-26 오후 1:17	WWS
⊞ Data Layer--Road	Boolea	2010-06-15 오전 5:25		HGP	2010-07-26 오후 1:17	WWS
⊞ Data Layer--Water	Boolea	2010-06-15 오전 5:26		HGP	2010-07-26 오후 1:16	WWS
⊞ Township	Text	2010-06-26 오전 3:23		WWS	2010-06-26 오전 3:24	WWS
⊟ 🎞 Interview	2010-05-31 오후 8:02		WWS		2010-09-27 오전 9:58	WWS
⊕ Name	Type	Created on		Created	Modified on	Modifie
⊞ Interviewer	Text	2010-05-31 오후 8:02		WWS	2010-05-31 오후 11:33	WWS
⊞ Date	Date	2010-05-31 오후 11:34		WWS	2010-06-16 오전 5:04	HGP

🔍 Search Project

👤 CP   4 Items

Environmental development down east File Classifications

Cases 는 연구자가 만든 사례로 Files에 있는 것은 모두 Cases로 만들 수 있다. 아래는 설문지 자료의 예이며 이 자료에 대해 코딩을 하거나 Cases를 만들 수 있다.

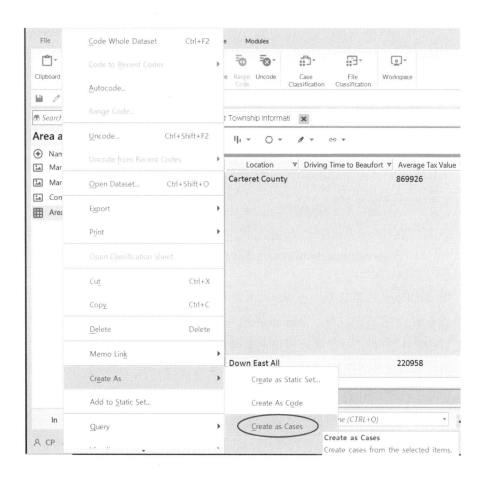

마지막으로 Case classification은 다음과 같다.

Case Classifications							
⊕ Name		Created on		Created by	Modified on		Modified by
🏛 Person		2010-06-05 오전 12:44		WWS	2015-08-10 오후 2:53		WWS
	⊕ Name	Type	Created on		Created	Modified on		Modifie
	Township	Text	2010-06-26 오전 4:09		WWS	2015-08-06 오전 2:18	WWS
	Community	Text	2010-06-26 오전 4:09		WWS	2015-08-06 오전 2:18	WWS
	Generations Dow	Text	2010-06-26 오전 4:09		WWS	2015-08-06 오전 2:18	WWS
	Commercial Fishin	Boolea	2010-06-26 오전 4:09		WWS	2015-08-06 오전 2:18	WWS
	Recreational Fishi	Boolea	2010-06-26 오전 4:09		WWS	2015-08-06 오전 2:18	WWS
	Income Tied to Re	Text	2010-06-26 오전 4:09		WWS	2015-08-06 오전 2:18	WWS
	Opinion - Pace of	Text	2010-06-26 오전 4:09		WWS	2015-08-06 오전 2:18	WWS
	Age Group	Text	2010-06-26 오전 4:09		WWS	2015-08-06 오전 2:18	WWS
	Gender	Text	2010-06-26 오전 4:09		WWS	2015-08-06 오전 2:18	WWS
	Education Level	Text	2010-06-26 오전 4:09		WWS	2015-08-06 오전 2:22	WWS
🏛 Place		2010-06-05 오전 1:32		WWS	2015-08-14 오후 3:52		WWS
	⊕ Name	Type	Created on		Created	Modified on		Modifie
	Driving Time to B	Integer	2010-06-26 오전 8:29		WWS	2010-06-29 오전 5:24	HGP
	Average Tax Value	Integer	2010-06-26 오전 8:29		WWS	2010-06-26 오전 8:29	WWS
	Median Parcel Siz	Decima	2010-06-26 오전 8:29		WWS	2010-06-26 오전 8:29	WWS
	Total Population	Integer	2010-06-26 오전 8:29		WWS	2010-06-26 오전 8:29	WWS
🏛 Twitter User		2012-05-03 오전 8:35		WWS	2015-08-10 오후 2:52		WWS

Environmental development down east Case Classifications

Person, Place, 그리고 Twitter user로 분류가 되어 있는데, File 자료와 연계한 분류임을 알 수 있고 File Classifications는 주로 자료 수집과 관련된 분류, 예를 들면, 인터뷰어와 면담자, 자료 취득 시기 등인데 반면에 Case Classification은 File에 등장하는 사람의 주거지역, 공동사회, 성별, 연령 등에 대한 분류 정보를 제공한다.

NVivo R1에 이와 같은 범주가 만들어지면, 자료를 근거로 미리 정한 질문을 할 수 있다. 질문을 하고 검색을 수행 하고 결과물을 엑셀로 내보내고 보고를 할 수 있다. NVivo R1에서 검색 방법에 대해서는 검색 부분에서 자세히 시연하도록 하겠다.

이러한 과정을 통하여 특정한 연구에서 연구 질문은 정교하게 다듬어지고 선택된다. 아래는 질적 연구 관련한 연구 질문을 모아 보았다.

Source	Research questions
Prabowo (2020)	Q1. How can we integrate qualitative evaluation measures into the existing quantitative
	anti-corruption evaluation system?
	Q2. How can we develop competent human resources to carry out proper qualitative
	anti-corruption evaluation?
	Q3. How can we establish and develop a sound conceptual framework for qualitative
	anti-corruption evaluation in a country?
	Q4. How can we address the issues related to difficulties in obtaining valid evidence
	pertaining to organizational culture and behavior?
Ching et al.	RQ1. What are the stressors, strains and outcomes causing
	mobile social media fatigue?
	RQ2. What is the association among the casual factors
	causing mobile social media fatigue?
Easpaig et al. (2020)	What are the attitudes of HPs towards PROMs in oncology, including any barriers and facilitators to adoption of PROMs, reported in qualitative evidence?
Balda and Beyazit (2020)	RQ1. Which digital feedback modes (electronically written, audio, screencast) could help the participants perform a higher rate of successful revisions at the microlevel, macrolevel, and global level in a multi-draft essay-writing task?
	RQ2. Which digital feedback modes (electronically written, audio, screencast) could help the participants perform a higher rate of successful revisions at the microlevel, macrolevel, and global level in revising the essays supplied to them?
	RQ3. What are the participants' preferences of the feedback modes (electronically written, audio, screencast) and what factors could account for these preferences?
	RQ4. How did the participants engage with each feedback mode and interact with the researcher?

Source	Research questions
Zhang et al. (2019)	RQ1. What are the stressors, strains and outcomes causing mobile social media fatigue?
	RQ2. What is the association among the causal factors causing mobile social media fatigue?
Campbell and Lambright (2020)	1. How are nonprofit human service organizations engaging stakeholders through Facebook and Twitter?
	2. Are these organizations using the two platforms differently?
	3. To what extent do resource dependence theory, stewardship theory, and/or organizational capacity help explain the modes of engagement they emphasize?
Park and Park (2018a)	1) From the two different learning environment, online vs offline, which group shows improvement in writing in short and long period of the task?
	2) is there an interaction effect between the learning environment differences and task periods?
	3) Do the learning environment differences affect all error types (global, local, and mechanical), or are there varying effects?
Park and Park (2018b)	1. Is EMI effective for EFL writer's short and long term development?
	2. Is there an interaction effect between the medium of the instruction and Written Corrective Feedback (WCF)?
	3. Does the medium of instruction make differences in terms of the acquisition patterns (global, local, and mechanical)?

질적 연구 연구 질문 예시

민족 기술학, 근거이론, 현상학, 사례 연구, 생애사 연구, 행위 연구, 그리고 대화 분석으로 분류되는 세부 전통에 기원을 두고 있는 질적 연구는 문화간 의사소통이 담론의 중심이 되는 영어교육 분야에서는 주목받을 만한 가치가 있었다 (Holliday, 2002; Chongwon Park, 2006; Chongwon Park, 2000; Richards, 2003). 내가 질적 연구를 한다고 말하는 것은 내가 양적 연구한다는 것과 같고 아무 가치도 없는 그저 분류 체계에서 가장 상위에 있는 존재와도 같다. 질적 연구를 한다고 말하지 말고 사례연구, 민족 기술학, 등등의 세부 접근법을 말해야 한다. 그렇다고 모든 질적 연구자들이 같은 색깔의 옷을 입고 한 목소리로 같은 말을 하지는 않는다. 그들은 각자 염두 해 두고 있는 연구 목적이나 연구 질문 유형을 나름 가지고 있기 때문이다 (Maxwell, 1995).

위에서 말한 질적연구의 세부 전통에서 연구 타당성을 확보하기 위해 자료 삼각망 기법을 고집하는 연구접근법은 어떤 것들이 있을까? Richards (2003)는 민족 기술학, 근거이론, 사례연구, 그리고 행위 연구는 다각도로 자료 수집이 요구된다고 말한다. 연구자 입장에서는 자료 수집의 범위와 질적 연구 결과 글쓰기는 서로 연결되어 있어 이와 같은 분류는 매우 중요하다. 매력적이긴 한데, 질적 연구는 자료를 입력하고, 분석하고, 글쓰기에 (Wolcott, 1994) 있어, 미지의 세계나 당연시 여겼던 것에 대한 무지를 인정하는 데서 오는 기쁨이라기보다 (Spradely, 1980) 절망 그 자체 일수도 있다. 이 문제가 해결되었다고 하더라도, 양방과 질방의 합궁은 아직도 풀리지 않은 미제로 남아 있다. 학자들 중에는 이 두 가지 고유한 연구 방법은 결혼해서는 안 된다고 말하고 잡종 연구는 누구의 현실도 반영하지 못하고 각각의 고유 영역이 가지고 있는 원칙을 위배할 뿐이라고 말한다. 연구 방법론의 선택은 전적으로 연구자의 의도와 연구 질문에 따라 결정해야 한다. 연구 방법론을 양적 또는 질적으로 편식하는 것은 누구에게도 좋지 않다. 어떤 연구는 연구 조사의 성격상 두 가지 방법의 혼용을 피할 수 없는 경우도 있다.

제 2 장

Computer-aided qualitative data analysis system (CAQDAS)의 필요성

Creswell (2003)이 혼합형 연구 관련 정교한 모델을 제시하긴 하였으나, 컴퓨터를 활용한 양적 그리고 질적 자료의 통합에 대한 구체적인 방법을 제시하지는 못하였다. 영어교육 영역에서도 컴퓨터를 활용한 질적 자료 분석은 아직까지도 (2020년 3월 기준) 큰 주목을 받고 있지 못한 실정이다. 현재 NVivo를 주요 도구로 사용한 논문은 18편에 불과하다.

연구 주제별로 살펴보면, 교사 신념 (Park, 2015), 동기 전략에서 교사 행위 연구 (Maeng & Lee, 2015), 화용론적 의사소통능력 (Laughlin, Wain, and Schmidgall, 2015), ICC 프레임웍 (Bohinski and Leventhal, 2015), 작문 (Park, 2007; Seo, 2014), 사회문화적 요인이 학습자 능력에 주는 영향 연구 (Jung and Jun, 2013), 학교 상담 (Jang & Jun, 2013), 구두 능력 평가 (Winke and Gass, 2013), 초등학교 성취 미달자 (Oh & Park, 2013), 연구 방법론 (Park, 2012; Park, 2004), 학습자 신념 (Peng, 2011), 영어 말하기 능력 (Han, 2009), 온라인 학습에 대한 교사와 학생의 관점 (Murday, Ushida, and Ann, 2008), 디지털 스토리텔링 (Jang, 2006), 그리고 교사 훈련 (Shin, 2003)을 주된 내용으로 다루었다.

제 3 장

코딩기법

　질적 연구를 처음 수행하면 전반적으로 모든 면에서 연구자가 고통을 느낄 수밖에 없지만, 연구자를 가장 당혹스럽게 만드는 것은 아마도 질적 연구 결과물을 보고하는 것일 것이다. 질적 연구 글쓰기 방식이 양적 연구와는 차별화되고 다양성과 연구 맥락을 존중하는 이유에서 양적 연구의 글쓰기의 각 항목들이 수직적인 반면 질적 연구는 순환 반복적 요소를 담고 있기 때문에 연구자가 더 당혹스럽다고 할 수 있다. 앞에서 질적 연구의 세부 전통을 연구자가 인식하는 것이 중요한데 그 이유는 자료 수집의 범위를 결정하고 코딩 방법을 또한 결정한다는 이유에서이다. 연구자는 자신이 선택하는 질적 연구의 세부 전통, 예를 들면, 사례연구, 민족 기술학, 근거이론, 행위 연구에 따라 자료수집의 범위를 자료 삼각망으로 정할지의 여부를 결정하고 다음으로 이와 연계해서 Saldana가 제시하는 코딩 방법을 선택하면 코딩의 최종 결과가 연구 보고에서 최종 결과물이기 때문에 연구 종료를 하고 글쓰기를 시작 할 때 오는 writer's block을 미연에 차단 할 수가 있다. 그래서 코딩이 매우 중요하며 주먹 구구 식이나 직관에 의해서가 아니라 관련 선행 연구와의 연결을 통해 연구자는 자신이 선택한 코딩 방식에 대해 정당성을 확보

할 수가 있다.

질적연구에서 코드는 단어나 짧은 구로 말이나 시각자료에서 나온 요약, 두드러지게 나타나는 말, 본질 포착, 생각나게 하는 속성을 상징적으로 할당하는 것을 말한다. 따라서, 코드는 자료의 주요한 내용과 본질을 대표하고 포착한다. Tesch (1990)는 말하기를,

"...코드는 주제와 본질을 식별하는 것이다. 주제는 대화 내용이며, 메시지의 본질이다." (p.119).

Saldana (2009)는 그림 6과 같이 현존하는 29가지 코딩 방법을 요약정리 하였다. Saldana는 29가지 코딩 방법이 서로 배타적 관계에 있는 것이 아니라 상호 보완적 관계에 있음을 역설한다. 특정한 연구에 어떤 코딩 방법이 가장 적합 할까? Flick (2002, p. 216)은 질적 연구에 적용하기 위한 분석 방법을 고려하고 선택하는 체크리스트를 제시하고 Saldana (2009)는 코딩을 위한 중요 목록으로 차용하였다. 자료의 특정한 부분을 먼저 코딩하고 나서 아래의 질문에 대한 답을 찾기를 바란다. 필드 노트나 인터뷰 자료 몇 페이지를 먼저 파일롯 테스트를 해보고 아래의 질문에 대해 생각해 볼 것을 Saldana는 권고한다.

* 연구자가 채택한 코딩 방식이 연구의 이론적 프레임웍이나 개념에 잘 부합하는가?
(예를 들면, 비평 민족 기술학을 수행하려면, Vivo, Emotion, Values Versus Dramaturgical, Verbal Exchange, and/or Evaluation Coding의 합성이 Descriptive, Motif, and Hypothesis Coding 보다는 더 적절하다).

* 코딩 방법이 연구 질문과 관련이 있거나 연구 질문을 진술하고 있는가?
(Structural Coding은 특정한 연구 질문에 대해 구조를 잡는 것으로 시작하나 이어지는 코딩 방법이 답변을 찾고 혼돈을 없애 줄 것이다.)

* 코딩 방법을 자료에 적용하면서 편안하고 자신감을 느끼는가?
(예를 들면 코딩을 하면 할수록 당황스럽고 혼란스러운 것이 아니라 뇌를 자극하는 느낌을 받는가?

* 자료가 코딩 방법에 잘 부한 하는가?

(예를 들면, 코딩이 필드 노트나 인터뷰 전사 자료에 적합한가?)

* 코딩 방법은 연구자가 찾는 특이성을 제시하는가?

(예를 들면, 충분한 수나 비율을 자료를 통해 확보하였는가? 자료를 통해 혼란이 아닌 복잡한 구조를 발견하였는가?)

* 연구자가 채택한 코딩 방법이 분석 경로로 연구자를 안내하는가?

(예를 들면, 범주 또는 분류를 구성하고, 패턴이나 주제를 개발하고, 근거 이론의 시작으로 연구자를 이끌어 가는가?)

결론은

* 코딩 방법을 자료에 적용하면서, 연구 참여자, 연구 과정, 또는 조사 대상의 현상에 대하여 새로운 발견, 통찰력, 그리고 연결이 되고 있는가?

따라서, 어떤 코딩 방식이 가장 적합한지는 경우에 따라 다를 수가 있다. Saldana는 자신의 질적연구자를 위한 코딩 지침서가 의무, 제한, 한계를 두는 것이 아님을 강조한다. 29가지 코딩 방법과 추가로, Saldana는 30번째 프로파일에는 없는 코딩 방법으로 29가지 코딩 방법 중에 두세 가지를 합쳐서 사용하는 "취사선택 코딩 방식"을 제안한다.

FIRST CYCLE CODING METHODS

Grammatical Methods

Attribute Coding
Magnitude Coding
Simultaneous Coding

Elemental Methods

Structure Coding
Descriptive Coding
In Vivo Coding
Process Coding
Initial Coding

Affective Methods
Emotion Coding
Values Coding
Versus Coding
Evaluation Coding

Literary and Language Methods
Dramaturgical Coding
Motif Coding
Narrative Coding
Verbal Exchange Coding

Exploratory Methods

> Holistic Coding
> Provisional Coding
> Hypothesis Coding

Procedural Methods

> OCM(Outline of Cultural Materials) Coding
> Protocol Coding
> Domain and Taxonomic Coding

Themeing the Data

SECOND CYCLE CODING METHODS

> Pattern Coding
> Focused Coding
> Axial Coding
> Theoretical Coding
> Elaborative Coding
> Longitudinal Coding

1차와 2차 코딩 방법

질적연구자는 왜 코딩을 하는가? 다음 모형은 간결하면서도 포괄적인 답변을 제시한다.

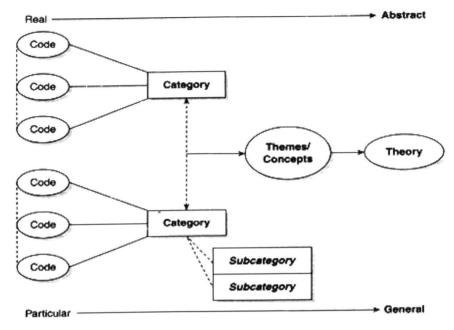

질적 탐구를 위한 코딩에서 이론 구축 모형

　모형에 따르면, 질적 연구 초기 단계에 연구자는 현실적이고 특수한 상황으로부터 코딩이나 변수를 식별한다. 다음 단계에서는 각각의 코딩이 유사성에 따라 묶인다. 코딩을 범주화 하고 나서 세 번째 단계에서는 식별한 범주를 토대로 주제나 개념이 도출된다. 마지막으로, 연구자는 자료에서 무슨 일이 진행되고 있는지를 설명하는 이론을 만든다(Maxwell, 1996). 따라서 질적연구에서 코딩을 만드는 궁극적인 목적은 원 자료에서 도출된 이론을 만드는데 있다.

제 4 장

논문 평가

연구 방법론을 가장 잘 이해 할 수 있는 방법 중에 하나는 잘 쓴 논문과 논문에 대한 객관적인 평가 준거 지침이 있다면, 연구를 처음 시작하는 사람들에게는 가장 좋은 선물이 될 것이다. 논문 비평 및 감상을 통하여 습작의 기회를 가질 수도 있고 본인의 연구에서 어떻게 글을 전개해 나가는 것이 가장 좋을지에 대한 구체적인 답을 얻을 수도 있다.

양적 연구의 경우 논문에서 요구되는 서술 항목이 수직적이라고 할 수 있다. 예를 들어 아래의 실험 연구 결과를 보고하는 논문 목차를 보자.

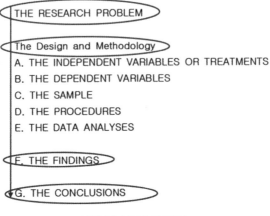

THE RESEARCH PROBLEM

The Design and Methodology
A. THE INDEPENDENT VARIABLES OR TREATMENTS
B. THE DEPENDENT VARIABLES
C. THE SAMPLE
D. THE PROCEDURES
E. THE DATA ANALYSES

F. THE FINDINGS

G. THE CONCLUSIONS

실험 연구 글쓰기 구조

실험 연구의 경우 크게 네 가지 구성요소로 나누어져 있는데 구성 요소의 배치 순서는 수평적이라고 할 수 있다. 예를 들면, THE RESEARCH PROBLEM은 연구의 필요성과 중요성을 역설하는 부분으로 결론이나 결과 부분 보다 먼저 나와야 논리적으로 맞다. 구성 요소 간 배치의 순서가 논리적으로 정해져 있고 그 배열을 바꿀 수가 없는 상하가 분명한 수직적 배치로 되어 있다는 것이다. 양적 연구 논문 평가 준거 기준과 질적 연구 관련 평가 기준은 본서의 부록을 참고 하기 바란다.

질적 연구의 경우 초보 연구자에게 글쓰기 관련 가장 도움이 될 만한 것으로 Application of Consolidated Criteria for Reporting Qualitative Studies(COREQ)을 강력하게 추천한다. 해외 저널에 논문을 투고할 경우 상당수의 학회에서는 논문을 제출 할 때 COREQ 제출을 의무화 하고 있다. 투고자 스스로가 COREQ의 목록을 체크리스트로 간주하고 양질의 질적 논문을 평가하는 구체적인 세부 목록으로 인정하고 있다. 연구자가 훈련을 목적으로 다른 학자의 논문을 세부적으로 들어가 각 항목이 어떻게 구현 되었는지 아니면 논문의 저자가 놓치고 있는 것은 무엇인지를 살펴보는 것이 방법론을 이해하는데 큰 도움이 되리라 생각한다. 다른 측면에서는 연구자가 연구 결과물 최종 글쓰기를 할 때 마치 지도처럼 글쓰기라는 긴 여정의 구체적인 일정표를 제시하는 역할로 COREQ 목록이 일조 하리라는 데는 의심의 여지가 없다.

Application of Consolidated Criteria for Reporting Qualitative Studies (COREQ)

No item Guide questions/ description	
Domain 1: Research team and reflexivity	
Personal Characteristics	
1. Interviewer/facilitator	Which author's conducted the interview or focus group?
2. Credentials	What were the researcher's credentials?
3. Occupation	What was their occupation at the time of the study?
4. Gender	Was the researcher male or female?
5. Experience and training Relationship with participants	What experience or training did the researcher have?
6. Relationship established	was a relationship established prior to study commencement?
7. Participant knowledge of the interviewer	What did the participants know about the researcher?
8. Interviewer characteristics	What characteristics were reported about the interviewer/facilitator?

Domain 2: study design	
Theoretical framework	
9. Methodological orientation and Theory Participant selection	Which author's conducted the interview or focus group?
10. Sampling	What were the researcher's credentials?

11. Method of approach	What was their occupation at the time of the study?
12. Sample size	Was the researcher male or female?
13.Non-participation Setting	What experience or training did the researcher have?
14. Setting of data collection	was a relationship established prior to study commencement?
15. Presence of non-participants	What did the participants know about the researcher?
16. Description of sample Data collection	What characteristics were reported about the interviewer/facilitator?
17. Interview guide	Were questions, prompts, guides provided by the authors? Was it pilot tested?
18. Repeat interviews	Were repeat interviews carried out? If yes, how many?
19. Audio / visual recording	Did the research use audio or visual recording to collect the data?

Domain 3 :analysis and findings

Data analysis

24. Number of data coders	How many data coders coded the data?
25. Description of the coding tree	Did authors provide a description of the coding tree?
26. Derivation of themes	Were themes identified in advance or derived from the data?
27. Software	What software, if applicable, was

	used to manage the data?
28. Participant checking Reporting	Did participants provide feedback on the findings?
29. Quotations presented	Were participant quotations presented to illustrate the themes / findings? Was each quotation identified?
30. Data and findings consistent	Was there consistency between the data presented and the findings?
31. Clarity of major themes	Were major themes clearly presented in the findings?
32. Clarity of minor themes	Is there a description of diverse cases or discussion of minor themes?

CCCs = Community Child Care centers

20. Field notes	Were field noted made during and/or after the interview or focus group?
21. Duration	What was the duration of the interviews of focus group?
22. Data saturation	Was data saturation discussed?
23. Transcripts returned	Were transcripts returned to participants for comment and/or correction?

질적 연구 중에서 민족 기술학 관련 논문 평가 기준 항목으로 박종원 (2006)은 다음의 평가 항목을 제시한다.

박종원 (2012)의 민족 기술학 평가 준거 기준

1. 민족 기술학 연구의 목적과 연구 질문은 무엇인가?

2. 연구의 필요성에 대해 언급한 것은 무엇인가?

3. 연구자는 어떤 기준으로 연구 현장을 선택하게 되었는가?

4. 정보 누설을 통제하는 사람(gatekeeper)은 있었으며, 연구에 어떠한 영향을 주었는가?

5. 질적 연구에서는 연구자의 가설을 부정하는 사람들, 세팅, 그리고 시간이라고 하는 반대의 경우를 찾아보기도 하는데, 연구자는 어떤 방법으로 반대 의 경우를 찾고 있는가? 연구자가 제시하는 반대의 사례가 해석의 타당성을 지지해 주고 있는가, 아니면 거부하고 있는가?

6. 연구 방법론은 무엇이며, 왜 이 연구 방법론을 본 연구에서 사용하였는가?

7. 연구를 수행하는데 있어 길잡이 역할을 한 개념 및 이론적인 틀은 무엇인가?

8. 수집한 자료는 무엇이며, 어떤 과정을 거쳐 수집 되었는가?

9. 관찰을 근거로 한 해석은 정당한가? 본 연구와 관련 되는 다른 연구나 이론은 언급이 되었는가?

10. 자료 분석을 통해 반복되는 주제를 잘 묘사하고 있는가? 이야기의 나열이 아닌 대표적인 주제를 잘 정리해서 보고하고 있는가?

11. 이차 언어와 문화 연구라고 하는 맥락에서 볼 때, 우리가 지금까지 알고 있는 사회 문화적 요소와 학교라고 하는 관점에서 본 연구가 기여하고 있는 것은 무엇인가?

12. 영어 교육에 줄 수 있는 함축적인 의미는 무엇인가?

13. 연구 맥락이나 세팅이 충분히 설명이 되어 있고, 따라서 연구 결과를 다른 세팅과도 비교해 볼 수 있는가?

14. 연구자는 다른 상황에도 적용할 수 있을 정도로 아주 상세하게 "깊이 있는 묘사"(thick description)를 해 주었는가?

15. 윤리적 문제: 연구 참여자의 익명성을 보장 주고 있는가?

16. 연구 결과를 어느 정도까지 다른 세팅에 전이시켜 볼 수 있겠는가?

17. 사건의 발생 빈도를 수치화함으로써 일반화를 시도하고 있는가?

Kibby (1995)의 민족 기술학 연구 평가 준거 지침

THE RESEARCH PROBLEM

1. Exactly what is the researcher's research problem(s)? Is it clearly stated.

2. In what way did the researcher derive this problem? Is it based upon (informed by) theory, is it based upon a real-world situation in need of description and a theoretical explanation, or is it based upon some combination of both?

3. Though it is typical for a qualitative research study to begin with a basic research problem, it is also the norm for this research problem to evolve as the study is conducted. How does the research problem of this study evolve? What data and rationale resulted in this transformed research problem? In what way do theory and previous research inform this evolution?

4. What significance is there to the research problem?

5. Is there a need for this research?

THE EVOLVING DESIGN AND METHODOLOGY

A. ENTER INTO THE FIELD

1. How does the researcher choose his/her setting(s) for this research -- i.e., why is s/he in this field? Who arranged for the researcher to be in this field (i.e., was there a gatekeeper), and what effect does this gatekeeper's

arrangement have upon the results of the study?

2. What is this setting or field? What does it look like? How is it arranged? What aspects of it are different or unusual in contrast to other similar fields?

3. What is the researcher's initial status and role upon entering the field?

4. What is the researcher's frame of mind or preconceptions before s/he enters the field? How do these preconceptions change as a result of the researcher's presence in the field? Describe the evolution of the researcher views.

5. Who and what does the researcher observe in his/her initial observations? What does s/he make of these observations (e.g., send the researcher to the library? direct the researcher to different fields? etc.)? How do these initial observations change the researcher's research problem or research strategies? Does the researcher's status or role change in these initial stages?

B. THE EVOLVING STUDY

For specifics on the concept and processes of "triangulation," see, especially, Denzin, 1989 (pp.234-248) or Patton, 1990 (pp.464-472). Also see Erickson, 1977 & 1985; Fielding and Fielding, 1986; Goetz & LeCompte, 1985-p. 11-12); Hymes, 1977; Lincoln & Guba, 1985 (pp. 305-307); Spradley, 1979 & 1980.

Data Sources

1. The setting and the participants in the setting surely have a reaction to the presence of the researcher. How does the researcher account for his/her presence and impact on the participants?

2. What are the data collected and how are they collected?

3. Who are the original participants and informants? What major impact on the researcher's findings would occur if different participants and informants in that field were to be studied? What can be said about the credibility of these informants?

4. How does the researcher tune into the symbols and meanings of the participants? How does the researcher conduct himself/herself so that s/he can obtain the view or perspective of the participants?

5. A major aspect of the conduct of qualitative research is the sequential selection of cases–i.e., participants and informants, times, and settings. What variation is there in this study in terms of participants and informants, times, and settings? Do these variations support the reliability of the researcher's observations and interpretations? Does the researcher describe the changes in the interactions of the participants over time and settings?

6. A specific method of qualitative research is to seek out "discrepant cases": persons, settings or times that have a strong likelihood of negating (disconfirming) the researcher's hypotheses. In what manner did the researcher use discrepant cases? How did the observation of these discrepant cases support dr negate the validity of his/her inductions?

Research Methods

7. What is the major research method of this study? Why did the researcher select this method of approaching this research problem?

8. One canon of qualitative research states that the validity or credibility of the observations and inductions of the qualitative researcher are strengthened when s/he stays in the field a sufficient time and when s/he employs multiple research methods: e.g., surveys; interviews; experiments; standardized observation schedules; examination of materials, documents and artifacts; case studies or histories. Did the researcher stay long enough and stay in the right places? Did s/he use multiple research methods? If so, what ones? Was their use appropriate for the problem at hand and did the researcher legitimately deploy this research method?

9. How are the observations actually accomplished? Has the researcher made use of multiple observers or audio/video recording procedures? if so, how were such observations accomplished and how were the data integrated? If multiple observers or audio/video recording procedures were not used, why? Does the absence of these procedures affect the reliability of the observations?

10. What aspects of internal and external validity are established, accounted for, disregarded, etc.?

THE ANALYSIS OF THE DATA, FINDINGS, AND CONCLUSIONS

1. How does the author analyze (examine, reexamine, and reduce [i.e., typing or enumerating]) the data? How are the generalizations or hypotheses induced from these analyses? What role does established theory (theories) play in the analysis and interpretation of the data? Are there other theoretical perspectives that might demand a different interpretation of the data? Has the researcher addressed these alternative theories? Has the researcher generated new theories for the interactions? If so, are they necessary—i.e., are there already existing theories that might have explained these data?

2. Does the author describe the actions and interactions in sufficient quantity and detail (i.e., "thickly") to support the trustworthiness (i.e., reliability) of what was observed?

3. Are the interpretations/inductions reasonable and based upon the observations? Are the interrelated with findings of other research or with other theories?

박종원과 이혜원 (2010)의 사례연구 평가 준거 지침

APPENDIX
Survey items undergoing quality analysis in a case study representation

1. Are the relationships between researcher and informant explicitly stated?
   ① strongly agree   ② agree   ③ neutral   ④ disagree
   ⑤ strongly disagree

2. Were negative cases that negate researcher's hypotheses or beliefs found and reported?
   ① strongly agree   ② agree   ③ neutral   ④ disagree
   ⑤ strongly disagree

3. Does the negative case that the researcher showed support the validity of the researcher's interpretations?
   ① strongly agree   ② agree   ③ neutral   ④ disagree
   ⑤ strongly disagree

4. Does the researcher state the rationale of using a qualitative method in his or her study?
   ① strongly agree   ② agree   ③ neutral   ④ disagree
   ⑤ strongly disagree

5. Is the interpretation based on the observation valid? Other studies or theories related to the current study are mentioned?
   ① strongly agree   ② agree   ③ neutral   ④ disagree
   ⑤ strongly disagree

6. Does the theme smoothly evolve from the raw data? Is the theme systematically organized and reported?
   ① strongly agree   ② agree   ③ neutral   ④ disagree
   ⑤ strongly disagree

7. In terms of understanding second language culture, do the results of this study make a great contribution to understanding second language culture and school?
① strongly agree   ② agree   ③ neutral   ④ disagree
⑤ strongly disagree

8. Does the researcher explicitly state the educational implications of the findings of the study?
① strongly agree   ② agree   ③ neutral   ④ disagree

⑤ strongly disagree

9. Were the research contexts or settings explained in-depth? That is to say, does the researcher thickly describe the study so that the results of the study can be transferred to other settings?
① strongly agree   ② agree   ③ neutral   ④ disagree
⑤ strongly disagree

10. Did the researcher not only describe the sources of data triangulation, but also integrate and actually report them in the finding section of the paper?
① strongly agree   ② agree   ③ neutral   ④ disagree
⑤ strongly disagree

11. Ethical concerns: Was anonymity ensured?
① strongly agree   ② agree   ③ neutral   ④ disagree
⑤ strongly disagree

제 5 장

NVivo R1 기법과 선행연구와의 연계

본서에서 다룰 NVivo R1 주요 기법과 관련 선행 연구 목록은 다음과 같다.

NVivo Technique	Detailed technique	Related literature
Literature review		Raffaele Cioffi et al. (2020)
		Derin et al. (2020)
		Santos et al. (2019)
Classification		Prabowo (2020)
Coding	automated coding	Maarten et al. (2007)
	Matrix coding	Park et al. (2020)
		Jagnoor et al. (2020)

		Rukthong and Brunfaut(2020)
	Matrix coding + attribute	Park (2004)
		Park (2012)
		Park (2013)
		Park and Park (2016)
		Hur and Park (2018)
	interrator corder reliability	Hyland (2013)
Search	Cross Tab	Swygart-Hobaugh (2019)
	Sentiment analysis	Easpaig et al. (2020)
	Word frequency	Derin et al. (2020)
	Coding comparison	Sun and Cai (2013)
		Robertson et al. (2019)
	hierachy diagram	Zhang et al. (2019)
	Word cloud	Raffaele Cioffi et al. (2020)
	cluster analysis	Park and Park (2018)
SNA		Campbell and Lambright (2020)
		Rantala et al. (2020)
Map	concept map	Bakla and Beyazit (2020)

〈표 5-1〉 선행 연구에서 많이 사용한 NVivo 분석 기법

문헌조사 과정에서 NVivo R1 기능을 활용한 학자의 예를 들면, Raffaele et al. (2020), Derin et al. (2020), 그리고 Santos et al. (2019)가 있는데 각각의 학자가 속한 연구 맥락, 목적, 주로 활용한 NVivo 기법, 그리고 결과에 대해 논해 보도록 하자.

Raffaele et al. (2020)은 적응과 혁신은 제조 산업에서는 특히 중요하다고 강조한다. 발달의 전제 조건으로 신기술을 활용한 유지 가능한 제조를 이끌어 나가는 것이 선결과제 임을 강조한다. 유지 가능성을 증진하기 위하여, 현명한 생산을 적용한 기술이라고 하는 글로벌 관점이 있어야 현명한 생산은 가능 할 것이다. 이러한 점에서 볼 때, 인공 지능 연구 분야의 노력으로, 예를 들면, 기계 학습, 산업 분야에서 이미 유지 가능한 생산성의 확보는 이루어졌다. 따라서, 본 연구에서는 인공지능과 산업 분야의 기계 학습과 관련된 문헌을 체계적으로 분석해 볼 필요가 있다. 사실 4차 산업 혁명의 도래로 인하여, 인공지능과 기계 학습은 현명한 공장 혁신에 중추적 역할을 하는 것으로 받아들여지고 있다. Raffaele et al. (2020)의 연구 목적은 관련 문헌을 연도, 저자, 과학 분야, 국가, 기관, 그리고 키워드로 분류하는 것이다. 자료 검색은 주로 Web of Science 나 SCOPUS 데이터 베이스를 사용하였다. 검색한 자료를 분석한 도구는 UCINET와 NVivo 12 소프트웨어로 검색한 자료를 분석 하였다. 기계 학습과 인공지능 관련 문헌의 검색 범위는 주제와 관련해 시간의 변화에 따른 집중의 정도를 살펴보기 위하여 4차 산업 혁명 이전과 이후로 1999년부터 현재까지로 정하였고 82편의 논문을 검토하고 분류하였다. 한 가지 흥미로운 점은 4차 산업 도래 이후 미국에서 논문이 많이 양산되었다는 점이다.

Raffaele et al. (2020) 방법론 섹션에서 문헌 조사 과정을 기술하고 있는데 향후 연구를 수행할 연구자에게는 좋은 교본이 될 수 있다고 생각한다. Raffaele et al. (2020)은 채택한 연구 방법을 계량 서지학 분석, 내용 분석, 그리고 사회 네트워 기법을 혼용한 방식이며 체계적 문헌조사 방식으로 소개한다.

1 단계: 연구와 분류 단계로 아래의 세 단계를 수행하였다.

- Step 1: 식별;

- Step 2: 스크린;

- Step 3: 포함.

스텝 1에서, 계량 서지학 자료를 수집하고

스텝 2에서 연구 분야와 관련해 볼 때 흥미롭고 적절한지의 여부를 파악하고

스텝 3에서 논문에서 분석할 논문을 선택하였다.

2단계: 결과 분석

서지학 분석에 아래의 내용을 포함하였다.

- 연구 매개 변수에 대한 지표 사용

- 키워드를 중심으로 소셜 네트웍 분석

분석을 위해 선택한 지표는 논문 총수(TPs)와 총 인용 수(TCs) 이다. 소셜 네트웍 분석을 통해 다양한 사회 과학 분야를 적용하고, 최근 국제 무역, 정보 전파, 제도 연구와 조직 기능과 같은 다양한 현상을 다루는 연구를 다루었다. 선행 연구에서 소셜 네트웍 용어 사용 분석은 복잡하고 상호의존적 현상에 대하여 계산 가능한 표현 모드의 사용이 기하급수적으로 증가하였다. 연구 목적으로 네트웍의 네트웍 상의 키워드를 표현 하는데 있어 그래픽 과정과 생성이 가능하도록 고안된 UCINET, NetDraw 소프트웨어를 사용 하였고 출력은 엑셀로 하였다. UCINET와 NetDraw는 입력한 자료를 가지고 그룹간의 관계를 기술하는 소시오메트릭 네트웍을 생성한다. 이어서 문서 전체의 키워드를 분석할 목적으로 NVivo 12 소프트웨어 또는 컴퓨터를 활용한 질적 자료 분석 소프트웨어 (CAQDAS)를 사용하였다. 다양한 문서에 나오는 키워드를 문서 간 연결해 봄으로서 해석학적 가설 도출이 가능한 개념 스키마를 개발하는 시도를 하였다.

3 단계: 논의.

결과 논의와 결론을 내리는 단계이다.

Raffaele et al. (2020) 연구에서 NVivo 기능과 관련해 보고된 시각화 자료는 Word Cloud로 문서에서 가장 빈번하게 등장하는 20개의 키워드를 시각화 한 것이다. 분류를 하고 시각화를 하고 키워드를 Word Cloud로 추출 한 것이다.

Figure 9. Top 20 keywords cloud contribution by NVivo 12.

가장 많이 등장하는 말은 당연히 "machine", "learning", 그리고 "intelligence"인데, 빈도가 높을수록 굵고 크게 표현된다. 같은 내용을 아래와 같이 표현 할 수도 있다.

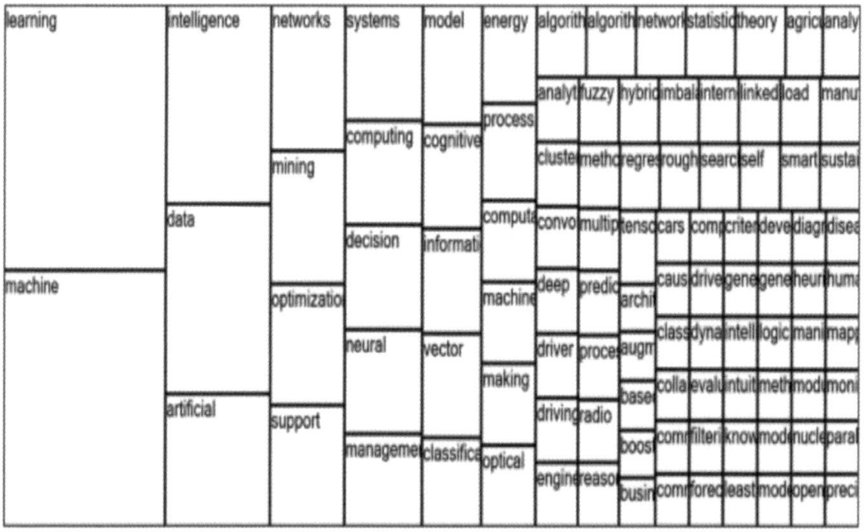

Figure 10. Top 20 keywords tree contribution by Nvivo 12.

Derin et al. (2020)은 영어교육이라는 연구 맥락에서 지난 5년 동안에 담화 분석 연구의 영향을 평가하는데 관심을 가졌다. 도서관에서 구글 학술 검색을 통해 131,000편의 논문을 모았다. 이중에서 NVivo를 사용한 40편의 논문으로 연구 범위를 좁혀 들어가서 발간된 연도를 중심으로 담화 분석이 발전해온 과정을 기술하였다. 연구 초기에 연구자들은 학생들이 읽기에서 어떤 문제가 있는지에 대해 초점을 두고 분석을 하였으나 이어서 교사의 진정성 있는 담화 수행에 관심을 가지게 되었고, 교실 담화를 개선 할 수 있는 방법에 대해 제안한다. 추가로 담화 분석은 교사와 학생 그리고 학생과 학생의 상호 담화에서 발생하는 문제뿐만 아니라, EFL프로그램에서 사용하는 텍스트에 나타난 비평 담화의 영역까지 확장을 해서 연구 담론을 펼치고 있다.

구글에 가서 자료를 구걸하는 것이 문제가 있는지의 여부에 대해 Martin-Martin et al. (2017)은 지난 60년간 가장 많이 인용된 자료를 토대로 구글 검색의 효율성을 검증하였다. 데이터 검색의 범위를 좁히기 위하여 적절한 문서를 찾는데 있어 세부적인 키워드, 다시 말하면 담화 분석 + EFL을 사용하였다. 저널 아티클 형식으로만 되어 있는 문서를 다운로드 받았는데 책은 너무 포괄적이어서 본 연구 목표의 범위를 벗어난다는 이유에서였다. 추가로 아티클도 정식으로 출판이 된 것에만 초점을 두었다. 문헌 조사 자료 분석은 자료 분석과 관리 그리고 통합을 스크린에서 쉽게 작업을 할 수 있도록 고안된 NVivo를 사용하였다 (Houghton, Murphy, Meehan, Thomas, Brooker, & Casey, 2017). NVivo의 장점은 엄청나게 많은 문서나 시청각 자료를 구조화 한다는 것이다 (Edhlund & McDougall, 2019). 연구자는 NVivo의 분석 도구를 사용하여 EFL 맥락이 아닌 연구는 배제함으로서 조사 대상의 연구 자료의 범위를 좁혀 나갔다.

논문에서 사용한 NVivo 기법으로는 40편의 선택된 논문을 중심으로 가장 빈번하게 등장하는 말을 알아보기 위하여 Word Frequency Query를 사용하였고, 40편의 논문에서 가장 많이 등장하는 10개 단어의 적절성 여부를 알아보기 위하여 군집 분석을 시행하였는데 결과를 아래의 표로 보고하고 있다.

Table 3.1 Ten Most Frequently Used Words

Word	Count
Language	1958
Discourse	1495
English	1363
Students	1312
Analysis	1110
Critical	1032
Study	776
EFL	750
Classroom	714
Social	623

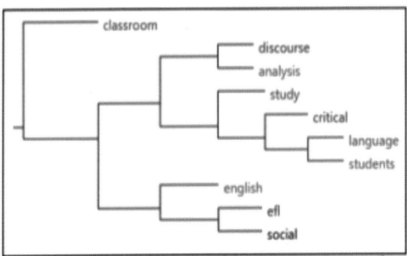

Figure 3.1 Cluster Analysis of the Ten Most Frequently Used Words

Santos et al. (2019)은 라틴 아메리카와 케러비안에서 진행된 구조 학습과 학습 구조에서 사용된 연구 주제와 방법을 요약 하였다. 문헌 조사는 학습 구조와 구조 학습과 관련된 영어, 포르투갈어, 그리고 스페인어로 작성된 논문을 찾고, 선택하고, 분석하는데 있어 광범위하고 체계적인 전략으로 수행되었다. 논문 검색은 Web of Science's Social Sciences Citation Index 와 Scopus를 사용하고, 15편의 라틴 아메리카와 케러비안 저널을 검토하였다. NVivo를 사용하여 주제 분석과 군집 분석을 시행하였다.

2000년에서 2017년 까지 발간된 79편의 논문을 통합하였고 결과는 다음과 같다: 18편의 논문은 이론과 문헌 조사이고 61편은 자료수집을 통해 진행된 연구이다 (30편의 논문이 질적 연구, 24편은 양적 연구, 그리고 7편은 혼합형 연구). 현장 연구는 Brazil, Venezuela, Chile, Colombia, El Salvador, Mexico and Costa Rica에서 진행되었고, 학습 구조나 구조 학습의 개념을 다루었다. Latin America 와 Caribbean에서 학습 구조나 구조 학습과 관련된 주제가 도출 되었고 후행 연구에 대한 제언을 하고 있다: (i) 지식 관리, (ii) 문화와 리더십, (iii) 혁신과 개선, (iv) 학습 (예를 들면, 학습과정, 학습 스타일), 그리고 (v) 기업가 정신과 유지 가능성 이다.

논문 p.9에서 논문을 대표하는 키워드를 가지고 다섯 개의 주제로 묶어 나가는 작업을 하기 위하여 Cluster analysis를 수행하였으며 아래와 같이 그림으로 시각화 하여 보고한다.

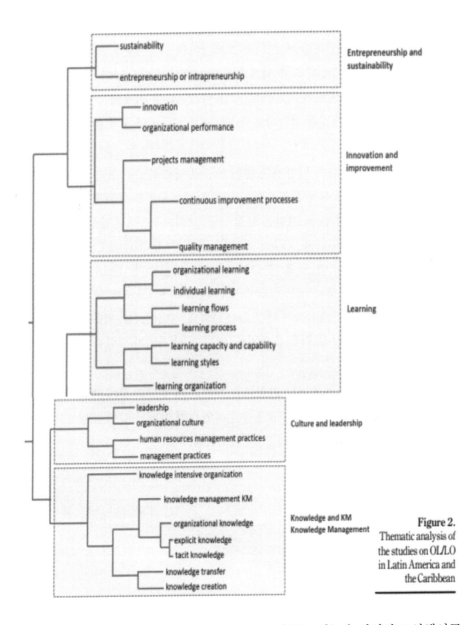

Figure 2.
Thematic analysis of
the studies on OL/LO
in Latin America and
the Caribbean

지금부터는 NVivo R1으로 들어가 NVivo R1의 주요 기능을 시연하고 선행연구와의 연결고리를 찾아 나가 보자.

Welcome to NVivo R1's world!

저자의 바탕화면에서 NVivo R1을 클릭 하면

새로운 프로젝트를 만들 수 있고, 3개의 Sample projects 가 있다.

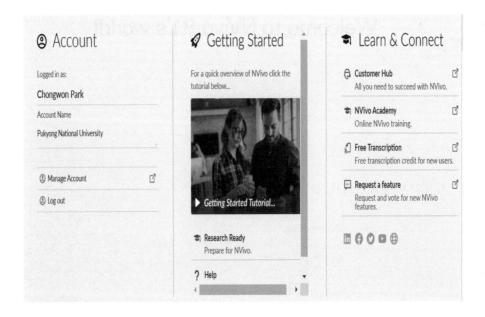

NVivo R1 시작 창 하단으로 가면 사용자 개인 account가 있고, 중앙에 Getting Started에서는 모르는 부분을 검색하는 help line이 있다. 우측의 Learn and Connect에는 첫째, Customer Hub는 NVivo R1 사용자 관련 community가 있고 여기에 제품관련 정보와 기타 관련된 내용을 QSR과 접촉하는 공간이 있다. 둘째, NVivo Academy에서는 NVivo R1 관련 온라인 교육과 일정 안내가 있다. 셋째, Free Transcription에서는 제한된 시간이긴 하나 NVivo R1 전사 무료 서비스 안내가 있고, 마지막으로 Request a feature에서 필요한 지원을 받을 수 있다.

NVivo R1 하단 우측으로 가면

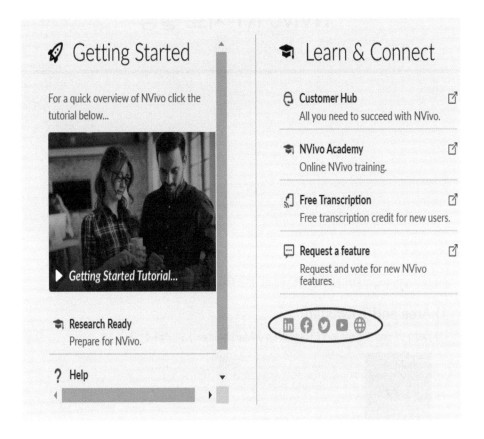

Linked in, Facebook, Twitter, Youtube, 그리고 QSR로 연결되는 로고가 있는데 특히 소셜 네트웍 분석을 할 때 연구자와 온라인을 연결해 주는 창 역할을 한다.

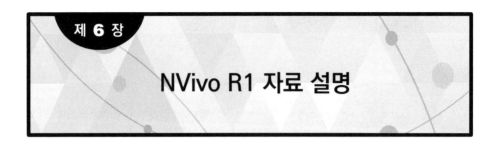

제 6 장

NVivo R1 자료 설명

Data 〉 Files에 가면 NVivo R1에서 분석에 필요한 자료를 볼 수 있다.

1) Area and Township

(1) Data 〉 Files 〉 Area and Township 〉 Marshallberg 항구의 전경

(2) Data 〉 Files 〉 Area and Township 〉 Marsh

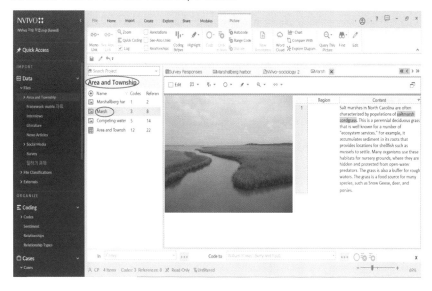

(3) Data 〉 Files 〉 Area and Township 〉 Competing water

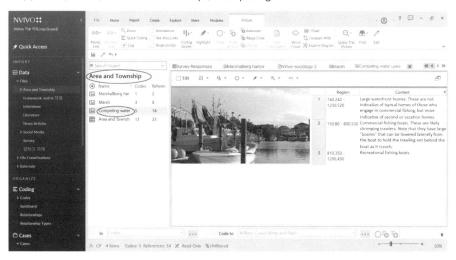

(4) Data 〉Files 〉Area and Township 〉Area and Township

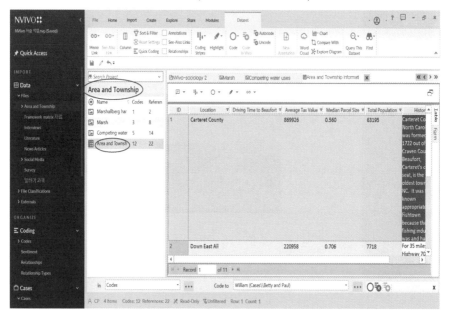

2) Data 〉Files 〉Framework matrix 자료

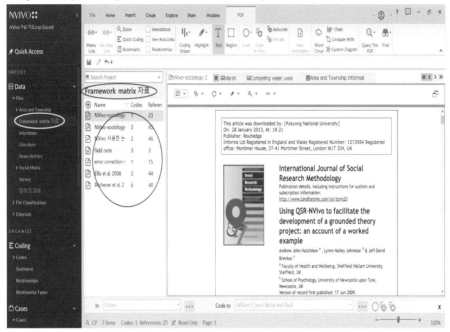

3) Data 〉Files 〉Interviews

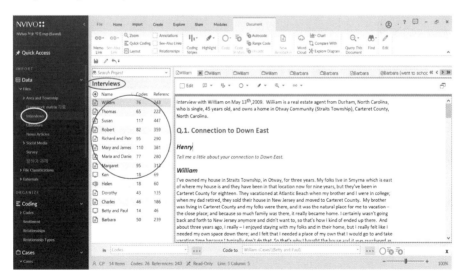

4) Data 〉 Files 〉 Literature

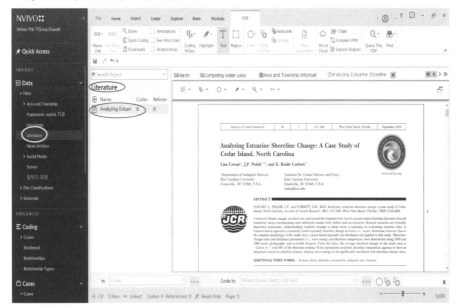

5) Data 〉 Files 〉 News Articles

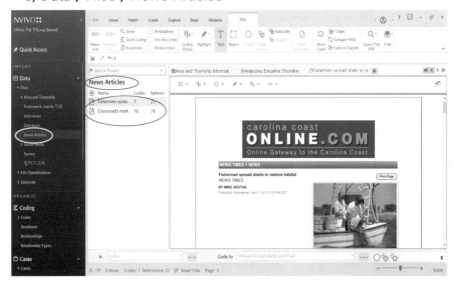

6) Data 〉 Files 〉 Social Media

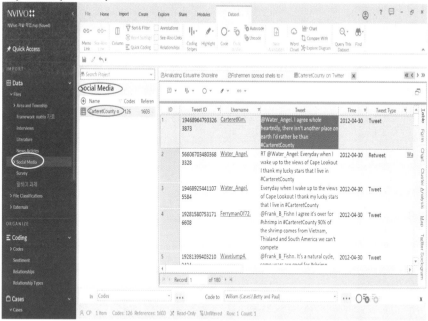

7) Data 〉 Files 〉 Survey

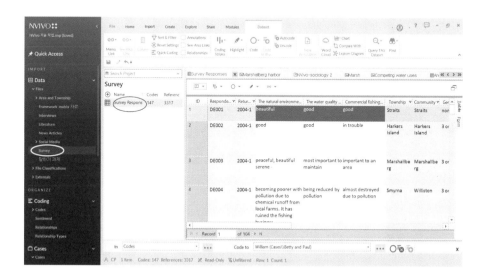

8) Data 〉 Files 〉 말하기 과제

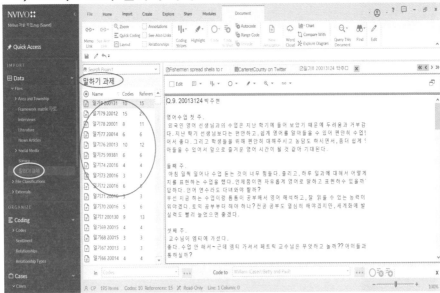

이상 총 8개의 다양한 자료가 Data 〉 File의 하부에 있다.

다음은 Data 〉 File Classification으로 가 보도록 하자. File Classifications 〉 Name
Image General 옆의 플러스 표시 클릭

Image-General의 하부 노드를 보면

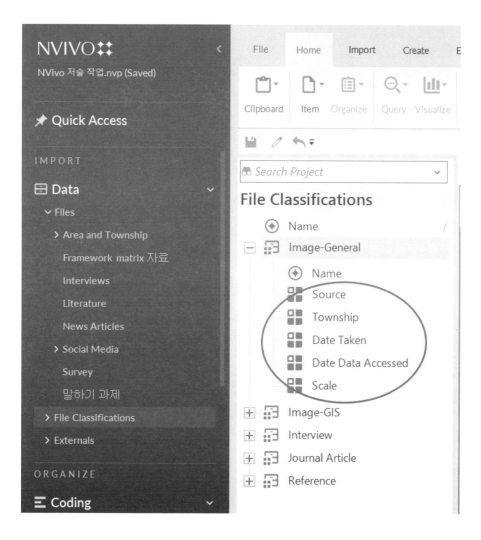

Source, Township, Date Taken, Date Data Accessed, Scale과 같이 File 자료와 관련 된 기초 정보를 제공하는데 속성 값으로 구분 지어 분류가 되고 검색의 토대가 된다.

File Classification > Image-GIS옆의 플러스 표시를 클릭하면

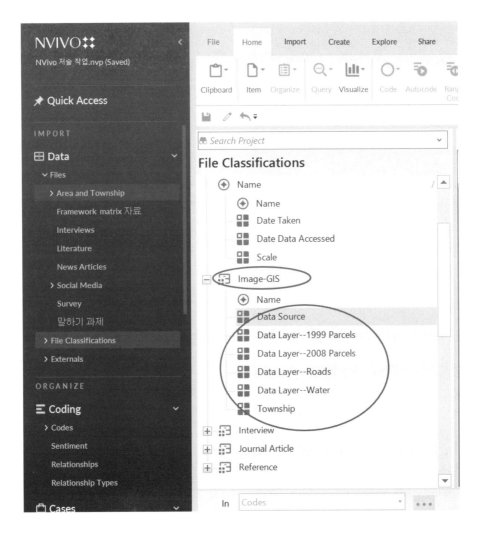

자료와 관련된 Source, Layer, 그리고 Township이 있고 연구자가 지정한 속성 값에 따라 각각 분류가 되어있다.

다음으로 Interview 좌측의 플러스를 클릭하면

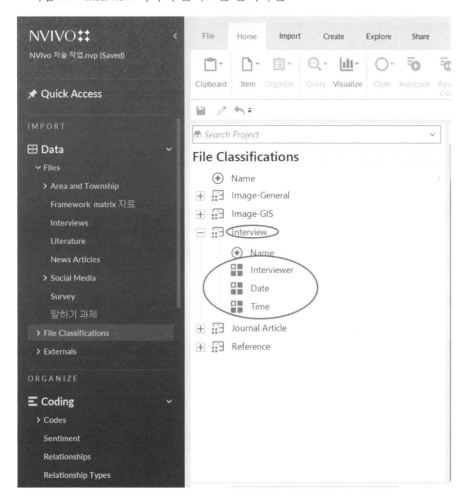

인터뷰와 관련하여 인터뷰를 진행한 사람, 날짜, 시간 등이 속성값으로 분류되어 있다.

Journal Article 옆의 플러스를 클릭 하면

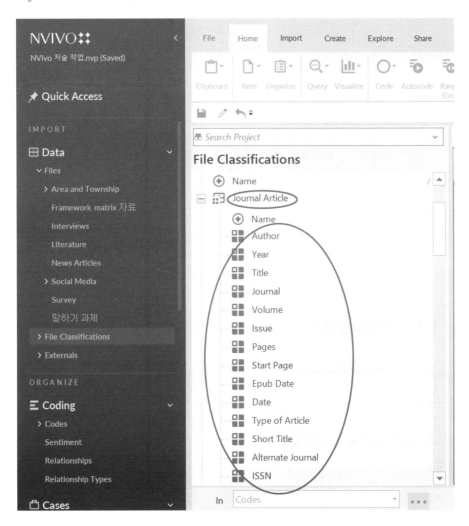

Endnote의 서지 양식과 같은 형식으로 저자, 년도, 제목 등으로 분류가 되어 있
다. 속성값이 부여된 것은 기본이라 할 수 있다.

마지막으로 레퍼런스 좌측 플러스를 클릭 하면

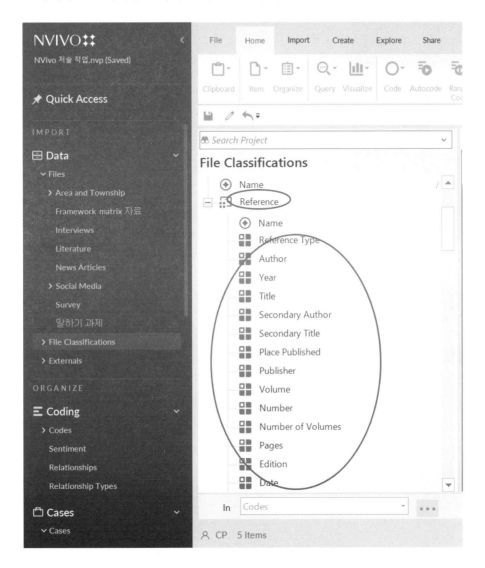

논문이 아닌 자료에 대해 저자, 년도, 제목 등으로 서지 형식에 따라 분류가 되어 있고 고유의 속성 값으로 분류가 되어 있다.

Externals 로 가면

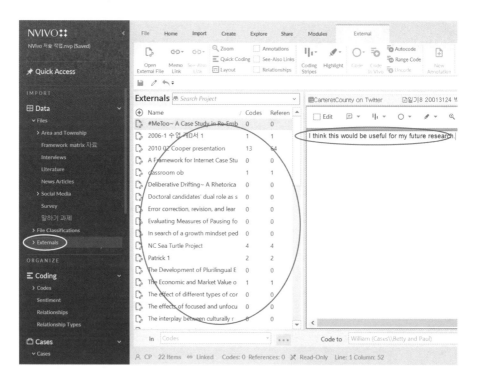

실제 자료가 컴퓨터에는 없으나 대행 문서의 개념으로 자료를 보관해 두는 것인데 Endnote의 경우 NVivo R1으로 불러온 논문의 목록과 여기에 대한 메모를 할 수 있는 공간이다.

검색을 효과적으로 수행하는데 있어 반드시 있어야 할 Case에 대한 자료를 살펴보도록 하자.

Cases에는 Cases와 Case Classification이 있고 Cases 아래에는 Cases, Framework Matrix, People, Places, 그리고 말하기 자료가 있다.

Cases > Cases > Cases에는 Environmental Down East 연구에 참여한 사람들이 인터뷰에서 진술한 자료에 대한 사례를 만들어 두는 곳이다.

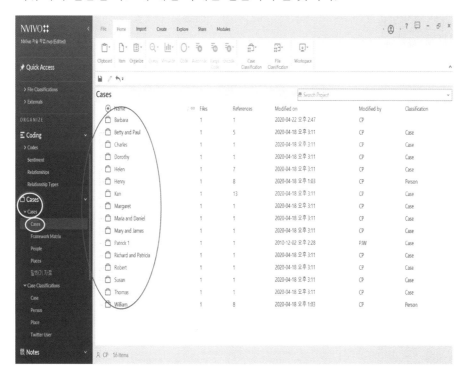

Cases 〉 Barbra를 클릭 하면 원 자료를 보고 코딩을 할 수도 있다.

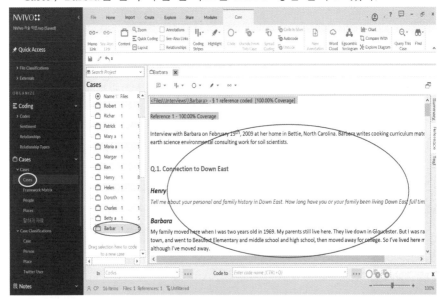

Frame matrix 자료 〉 첫 번째 아티클 클릭을 하면 마찬가지로 원본을 볼 수 있다.

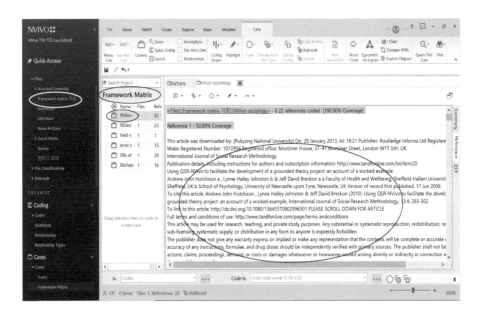

People을 클릭 하면 Twitter User Name, Survey Respondents, 그리고 Interview Participants가 있다.

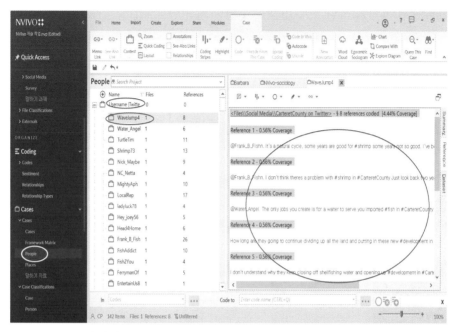

Places를 클릭하면

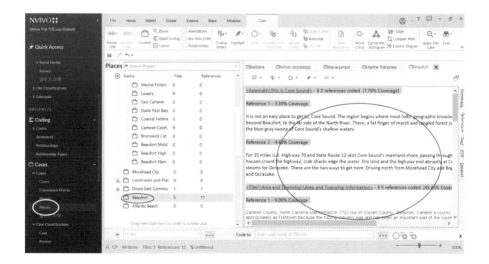

Places 하부에는 Cartret County (Schools and Organization), Morehead City, Landmarks and Places, Down East Community, Beaufort, 그리고 Atlantic Beach가 있는데 원 자료가 아닌 코딩 값으로 구성된 것을 알 수 있다.

Cases 하부에 있는 말하기 자료를 클릭하면

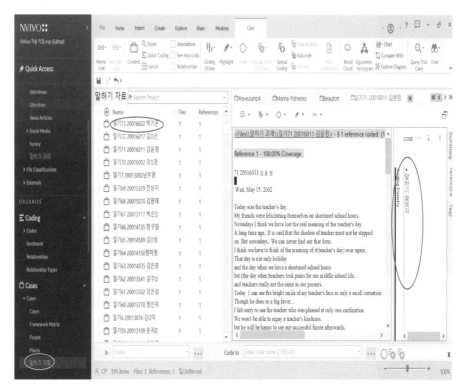

말하기 과제 소스 중의 하나인 일기 자료 목록이 나오는데, 특정한 일기를 클릭하면 원본을 보고 코딩을 할 수가 있다. 현재는 Cases로 지정하는 과정에서 코딩이 하나가 되어 있다.

저자는 1995년부터 2020년까지 NUD*IST 버전부터 시작하여 2020년 4월에 출시된 NVivo R1 까지를 통해 가장 어려움을 느껴온 것이 검색에서 Case Classification, Case, Codes, 그리고 Codes Classification을 활용한 검색과 글쓰기임을 고백해야만 하겠다. 오랜 세월의 연습과 노력도 관통할 수 없는 바로 이 영역에서 늘 좌절과 고개 숙인 자신의 모습을 보아야 했다. 주변을 돌아보아도 특히 논문에서 가장 기초라고 할 수 있는 검색과 보고는 숙련된 연구자를 통해 많이 보고되었으나 특히 Classification 을 잘 활용하고 보고를 하는 논문의 수는 그리 많지 않다. 저자가 진행하는 NVivo R1워크샵에서까지 끝나지 않은 질문도 역시 Classification이 주는 의미, File 그리고 Codes Classification에 향하고 있었다.

2020년 4월 NVivo가 이름을 이전 버전의 숫자 시리즈와는 달리 파격적으로 변신을 한 지금 저자 또한 이 문제에 대한 변신을 꿈꾸며 이 글을 쓰기 전에 며칠을 고민하면서 어떻게 설명하는 것이 여러분과 저 자신에게 가장 설득력이 있을지에 대해 많은 생각을 하였고 지금 이 방식, 우선은 분석 기법을 배우기 전에 내가 가진 것이 무엇이고 어떤 것과 연결이 되는지를 면밀히 검토하고 이해하는 것이 선결 과제라는 결론을 내리게 되었다. 데이터 분석을 잘하고 그것을 바탕으로 매력적인 논문 글쓰기를 하고 싶다면 데이터 입력과 분석 시 매우 날카로운 매의 눈을 가져야 한다. 스크린 구석구석을 보면서 절대로 그 어떤 것 하나 놓치지 않겠다는 마음가짐이 있어야 학습이 일어 날 수 있다고 생각한다. 새로운 프로그램이 주는 매력에 취하고 감상만 하고 프로그램을 소유했다는 기쁨과 자랑은 결코 여러분들의 논문 수를 늘려주는데 기여 하는 바가 아무것도 없으며 어떤 것 하나 놓치지 않고 배우려는 초심만이 여러분들의 논문을 끝내는데 일등공신이 되리라 믿는다.

저자의 경험으로 볼 때 NVivo R1을 가장 빨리 정확하게 배우는 방법은 여러분들 스스로가 시간을 투자하여 본서에 나와 있는 순서대로 각각의 시연을 따라 해 보았을 때 본인이 확실히 이해 한 것과 그렇지 못한 것을 먼저 구분하고 본서를 한번 정독한 후 다시 처음으로 돌아가 잘 이해가 안 되는 부분을 다시 한 번 살펴보고 문제 해결이 되지 않으면 http://cafe.daum.net/etwas777 을 방문하여 질문 남겨 주면 가능한 신속하게 저자가 응답하도록 하겠다. 또한 정기적으로 진행되는 워크샵도 여러분들의 NVivo R1에 대한 이해도를 높일 수 있다고 생각한다. 자세한 일정은 카페 공지를 참고하기 바란다.

이제, 가장 어려운 관문 중의 하나인 Case Classification에는 어떤 자료가 있는지 살펴보도록 하자.

Case Classifications > Name 아래에 Case, Person, Place, 그리고 Twitter User의

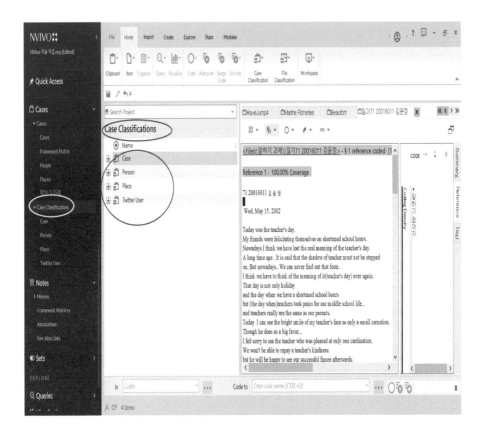

각각의 속성 값이 정리되어 있다. Case 옆의 플러스를 클릭하면 하부 구조를 볼
수 있다.

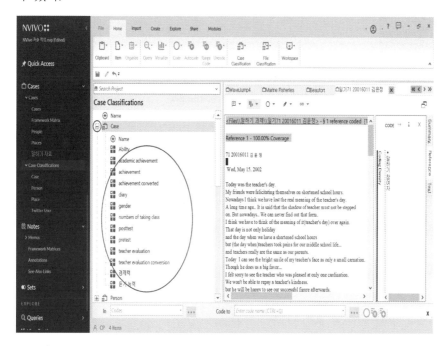

말하기 과제에 지정된 속성 값을 말한다. Person 옆의 플러스 표시를 클릭

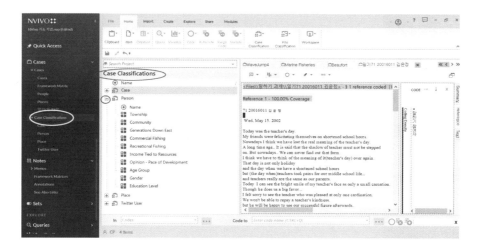

Environmental Down East에서 지정된 속성 값을 말한다. Place 옆의 플러스 클릭

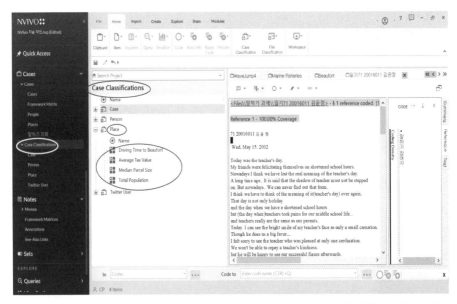

Environmental Down East 프로젝트에서 자료에 지정된 속성 값을 말한다. 마지막으로 Twitter User 옆 플러스 표시 클릭

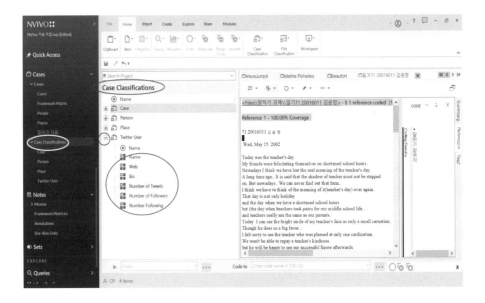

Case Classifications에 나오는 Case, Person, Place, 그리고 Twitter User는 모두 특정한 프로젝트와 연계하여 속성값이 각각 지정된 것을 알 수 있다.

다음으로 Case Classification 〉 일기 1 〉 지정된 속성 값들을 볼 수 있고 참여자 사례 별로 각각 같은 속성 값이 같은 순서로 지정이 되어 있다.

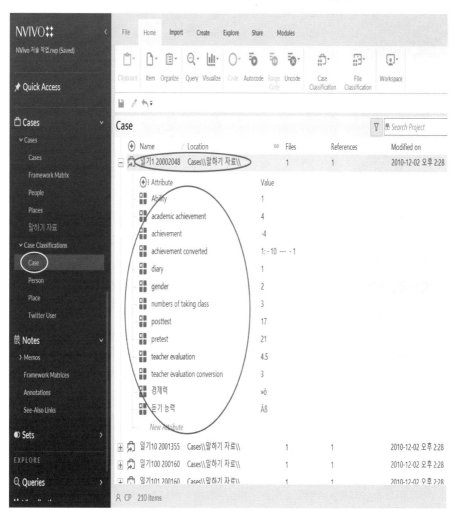

Case Classification > Person > Barbra 옆의 플러스 표시 클릭

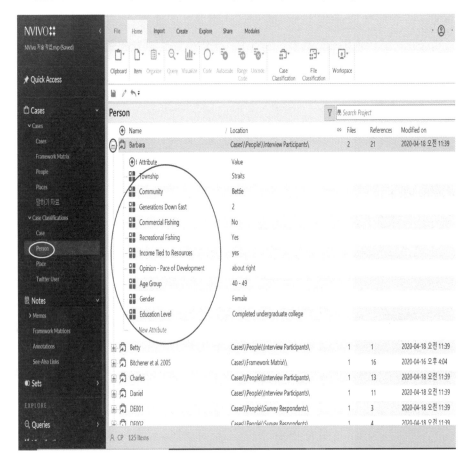

Barbra 개인에게 지정된 속성 값뿐만 아니라 Environmental Down East 연구에
참여한 모든 참여자 에게 지정된 같은 속성 값을 볼 수가 있다.

Place 〉 Attlantic 〉 각각 지정된 속성 값을 볼 수 있다.

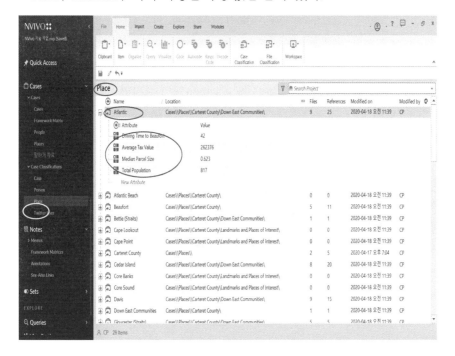

이외에도 Atlantic Beach, Beaufort 등의 타 지역도 마찬가지로 같은 속성값이 같은
순서로 지정되어 있는 것을 알 수 있다. Twitter Users 〉 CartretKim 옆의 플러스 클릭

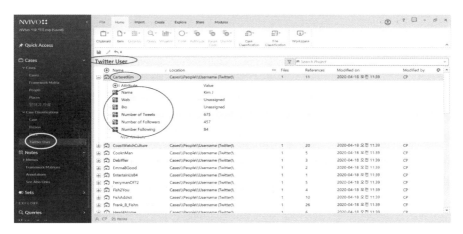

이외에도 CoastWatchCulture, Cooknman, Debbifier 등 다른 Twitter User들에게
도 같은 속성값이 같은 순서로 배열된 것을 알 수 있다. 정리하면 Case
Classification에서는 대표 속성값을 Case, Person, Place, 그리고 Twitter User로 나
누어 각각 지정된 값에 대한 정의를 내렸고, Case, Person, Place, 그리고 Twitter
User에서는 개인 또는 지역별로 Case Classification에서 정의한 속성 값을 배열 한
것을 알 수 있다.

NVivo R1에서 고급 검색을 수행하려면 무엇보다도 위에서 말한 Classification,
File, 그리고 Case에 대한 이해가 선결 과제이며 여기에 대해서는 해당하는 시연에
서 다시 자세히 설명하고 연습을 해보도록 하자.

제 7 장

문헌 조사

1. Framework Matrix를 활용한 문헌조사 기법

Import > Project 클릭

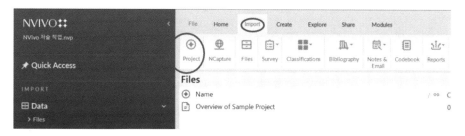

Import Project〉Browser 〉 ws 자료 모음집 〉 Framework matrix 〉 열기를 클릭

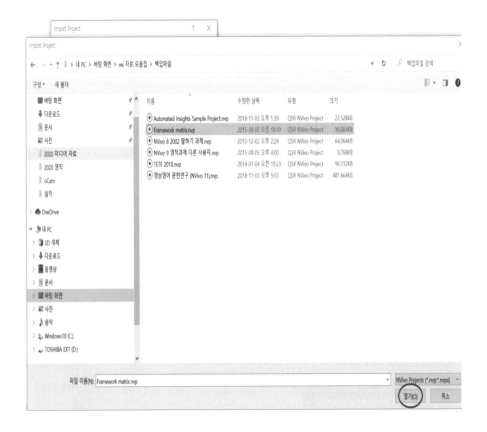

Import을 클릭

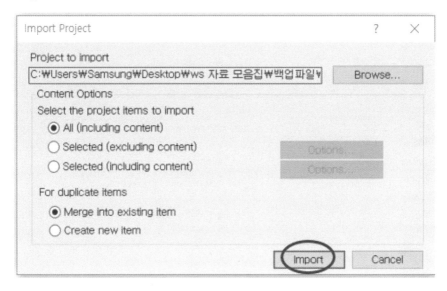

Backup file에서 Framework Matrix project를 불러온다.

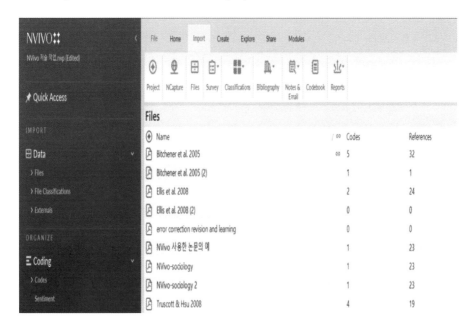

Files에서 논문 모두 선택 > Create > Create as Cases

	Code Whole Files	Ctrl+F2		Share	Modules				
File	Code to Recent Codes	▶							
Clipboard	Autocode...		Autocode	Range Code	Uncode		Case Classification	File Classification	Workspace
Files	Range Code...							🔍 Search Project	
⊕ Nam		⊖	Codes		References		Modified on		
Trus	Uncode...	Ctrl+Shift+F2	5		34		2013-01-29 오후 5:20		
NVi	Uncode from Recent Codes	▶	2		45		2013-01-30 오전 10:24		
NVi			2		45		2013-01-29 오후 5:20		
NVi	Export	▶	2		46		2013-01-29 오후 5:20		
erro	Print	▶	1		15		2013-02-04 오후 4:54		
Ellis			1		20		2013-02-04 오후 4:54		
Ellis	Open Classification Sheet		3		44		2013-01-29 오후 5:20		
Bitch			2		17		2013-02-04 오후 4:54		
Bitch	Cut	Ctrl+X	⊖ 6		48		2013-01-29 오후 5:20		
	Copy	Ctrl+C							
	Delete	Delete							
	Create As	▶	Create as Static Set...						
	Add to Static Set...		Create As Code						
	Query	▶	Create as Case	**Create as Cases**					
	Visualize	▶		Create cases from the selected items.					
	Color	▶							

Select Location > OK 클릭

Create > Framework Matrix

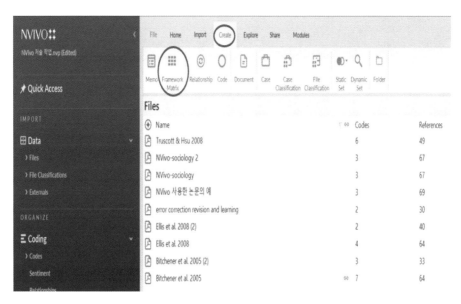

Rows 〉 문헌조사 입력

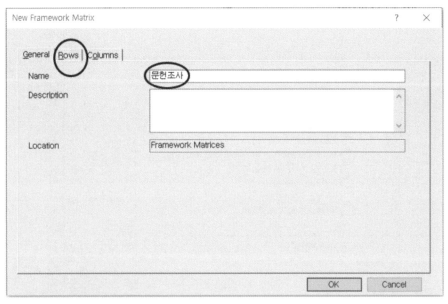

Columns 〉 Select 클릭

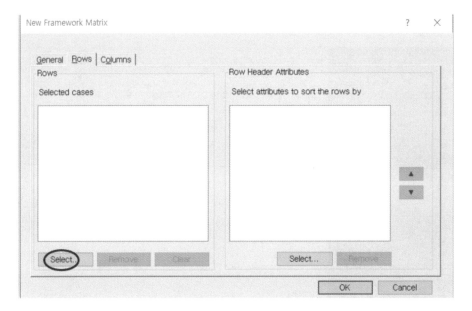

Cases 〉해당 사례 체크 마크 〉OK 클릭

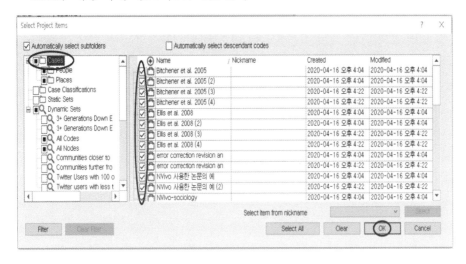

New Framework Matrix 〉Columns 클릭

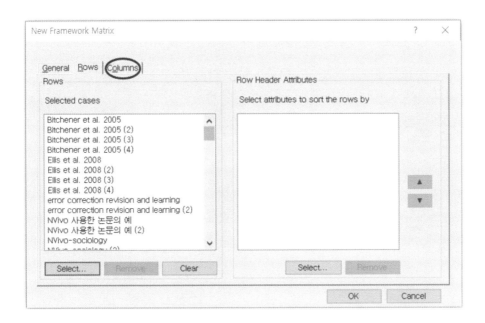

New Framework Matrix 〉 Select

Cases 〉 해당하는 사례 체크 마크 〉 OK 클릭

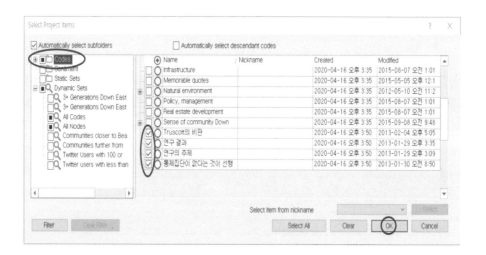

OK 클릭

Framework Matrix > Auto Summary 클릭

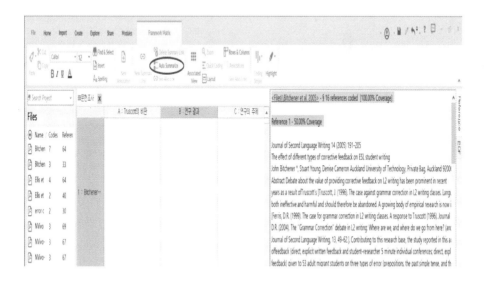

아래와 같이 대화 창이 뜨면 확인 클릭

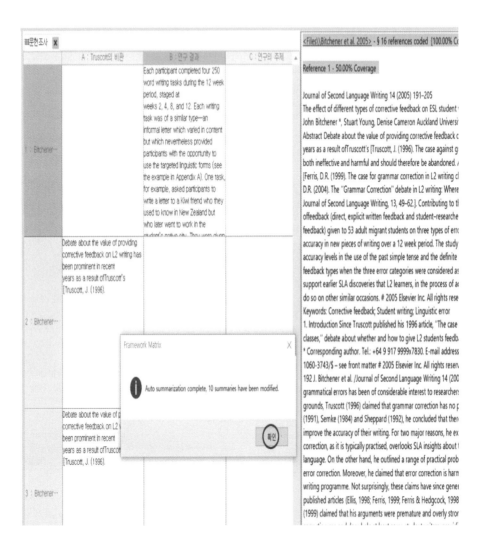

자동 요약되었다.

▦문헌조사 **x**			
	A : Truscott의 비판	B : 연구 결과	C : 연구의 주제
1 : Bitchener⋯		Each participant completed four 250 word writing tasks during the 12 week period, staged at weeks 2, 4, 8, and 12. Each writing task was of a similar type—an informal letter which varied in content but which nevertheless provided participants with the opportunity to use the targeted linguistic forms (see the example in Appendix A). One task, for example, asked participants to write a letter to a Kiwi friend who they used to know in New Zealand but who later went to work in the student's native city. They were given	
2 : Bitchener⋯	Debate about the value of providing corrective feedback on L2 writing has been prominent in recent years as a result ofTruscott's [Truscott, J. (1996).		
3 : Bitchener⋯	Debate about the value of providing corrective feedback on L2 writing has been prominent in recent years as a result ofTruscott's [Truscott, J. (1996).		

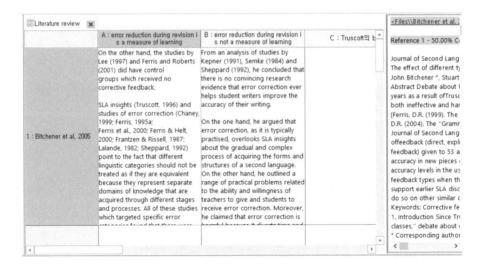

문헌 조사 결과 정리를 하는 방법으로 행과 열 개념인데 행은 저자명, 열은 연구자가 논문을 읽으면서 필요한 부분을 코딩 한 것을 교차해서 정리하고 auto summarize 기능을 활용하면 문헌조사를 쉽게 정리할 수 있다.

여러분 제안서 과제 관련해서 연구의 필요성을 역설하는 부분에서 위와 같이 도식화해서 제안한다면 매우 매력적인 제안이 될 수 있을 것이다. 아래는 연구자가 학회 발표 제안서를 위의 기법으로 정리하고 보고한 것이다.

1. Introduction
1.1. Literature Review

Main focus of the study	Previous studies	Current study
Feedback modes	Direct vs Indirect	Dynamic written corrective feedback
Errors emphasized	Articles or some linguistic errors	Linguistic, organization, and content
Genre	Narrative	Opinion
Research period	Short term	Short and long term
Strategy of inquiry	quantitative	quantitative
Measuring errors	Per 7 words, 100 words, 200 words, 350 words, or not reported	Whole written production
Writing proficiency	beginner, intermediate, or advanced	Intermediate
Number of participants	20-72	89
Focus of measurement	accuracy	Complexity, accuracy, and fluency

　행과 열의 개념이 적용된 것으로 행은 Main focus of the study 열은 저자 목록으로 표를 작성하다 보면 격자에서 빈 곳이 연구의 필요성을 역설하는 부분이 되는 것이다.

2. Endnote와 NVivo R1 연계를 통한 문헌조사

연구 방법을 불문하고 연구의 시작 단계에서 문헌 조사는 피할 수 없는 관문이라고 할 수 있다. 연구를 처음 시작하는 사람들에게는 특히 현장에서 자료를 모으는 만큼이나 어렵게 느껴지는 것이 문헌조사이기도 하다. 저자의 경우 과거의 한예를 들어 보면, 논문을 쉽게 구하지 못하던 시절에는 자료를 많이 소장하고 있는대학을 방문하여 하루 종일 도서관에서 복사를 하고 엄청난 뭉치의 논문 다발을들고 마치 개선장군처럼 의기양양하게 집으로 돌아왔었다.

그 후 학교 관련 많은 일들이 있어 논문은 잠시 뒷전이고 6개월의 시간이 경과하는 동안 늘 죄인으로 살다가 방학 때 반드시 무엇인가를 해야겠다고 논문 더미를 다시 찾아 논문을 읽으며 노트에 메모를 해나갔다. 방학 중에 끝내야 한다는 강박 관념에 진도 나가기에 열중하였다. 노력의 덕분에 수십 편의 논문에 대해 본인나름대로의 든든한 메모장을 확보하는데 성공은 하였으나 논문 글쓰기가 장벽으로 다가왔다. 많은 지식의 홍수 속에 무엇을 어디서부터 시작해야 할지 머릿속이텅 빈 느낌이었다. 무언가 새로 해야 한다는 감정은 어디서 오는 것일까? 또 그렇게 흐르는 시간 속에 끝내야 한다는 강박 관념 속에 하루하루를 보낸 기억이 있다.

지금도 논문 관련해서는 여전히 우둔함이 살아 있으나 가장 큰 변화는 Endnote와 NVivo를 활용하여 적어도 시간 절약과 좀 더 창의적인 방향으로 논문을 이끌어 나가는 것이 디지털 시대에 적응하는 척하는 아날로그맨의 전략이라면 전략이되었다. 과거의 방식과 지금의 방식의 차이는 필요할 때 적재적소에 논문을 인용할 수가 있고 논문의 내용에 대해 개관 및 구조화를 자유자재로 할 수 있다는 것을큰 장점으로 생각한다. 프로그램으로 들어가 시연을 해 보도록 하겠다.

Endnote에서 영어교육 관련 저널 창간호부터 가장 최근까지 데이터베이스이다.

Search > Case study and 2019

Search를 누르면 아래와 같은 결과를 볼 수 있는데

영어교육 관련 총 49037 편의 논문 중에서 (2020년 4월 16일 기준) 10편의 논문이 사례연구를 주요 방법론으로 사용하고 있는 것을 알 수 있다. 위의 자료를 NVivo로 옮기려면 File 〉 Export을 클릭

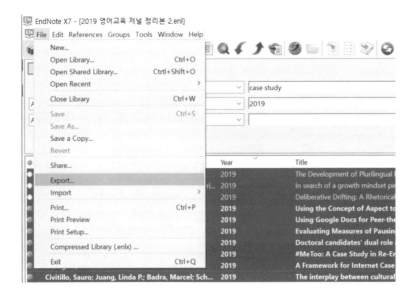

반드시 아래와 같이 XML 파일로 저장을 하여야 한다.

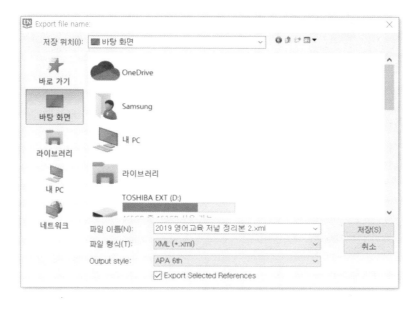

저장을 누르면 발표자의 컴퓨터 바탕화면에 저장이 된다.

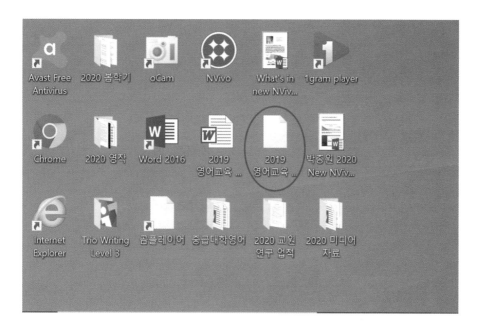

발표자의 컴퓨터에서 NVivo R1을 구동한다.

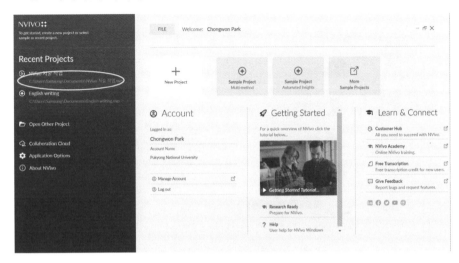

Recent Projects 〉 NVivo R1 저술 작업을 클릭

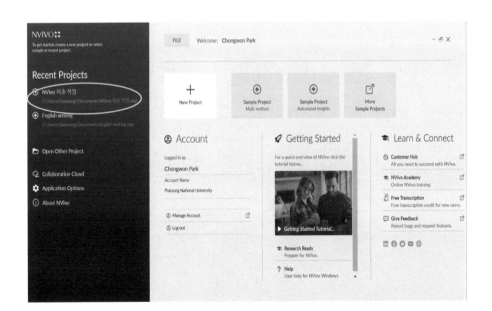

Import > Bibliography를 선택

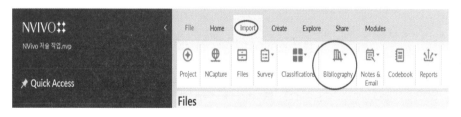

Endnote 를 클릭

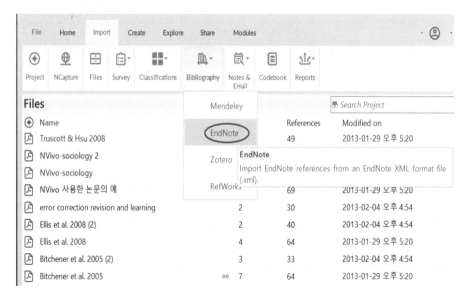

바탕화면에서 2019 영어교육 저널 정리본을 선택

열기를 클릭

NVivo에서 Import을 클릭한다.

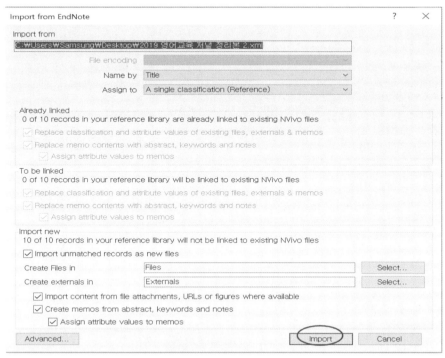

Import 〉 Bibliography 〉 Endnote를 클릭

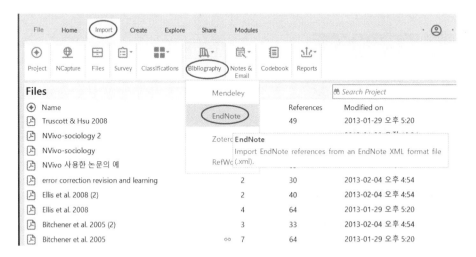

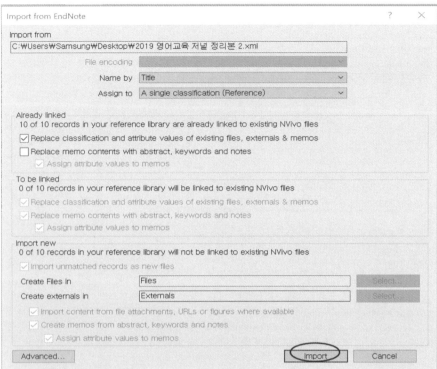

Data 〉 File classification 〉 Reference를 클릭 한다.

Reference를 클릭하면 오른쪽에 논문 목록을 볼 수 있다.

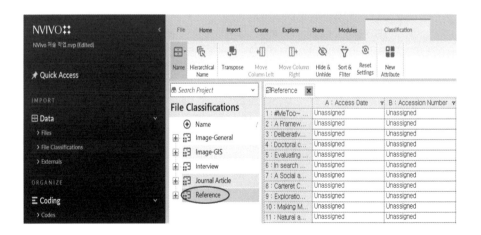

Reference 좌측의 플러스 표시를 클릭하면

아래와 같이 Endnote 정렬 순으로 저자, 년도, 제목 등의 자료를 열람할 수 있다.

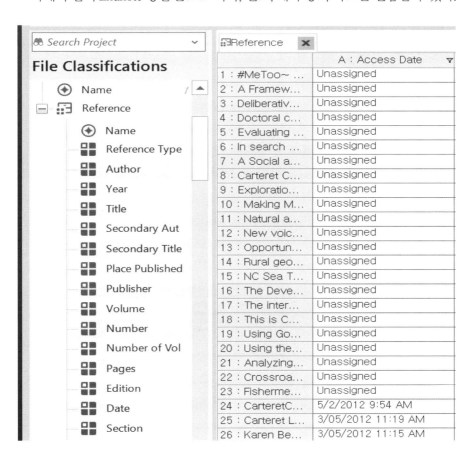

NVivo R1 에서 External 은 자료가 NVivo에는 없으나 중요한 내용이라면 외부에 있는 문서를 대행 문서의 형식으로 불러와 저장을 하는 것을 말한다. 지금의 경우 논문 원본 pdf는 없고 Endnote에서 기본적인 서지 형식을 받아 왔기 때문에 여기에 대해 메모를 하려면

Data 〉 Externals 〉 첫 번째 자료 A Case Study on the Contents creation 두 번 클릭 〉 원하는 내용을 메모를 할 수가 있다.

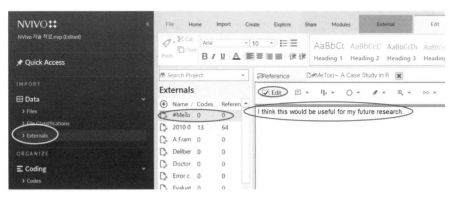

위에 불러온 자료 서지 형식 중에 논문 초록은 Memo에서 볼 수 있다.

Notes〉 Memos 〉 #MeTo 아티클 두 번 클릭 〉 우측에 논문 관련 초록, key words를 열람 할 수 있다.

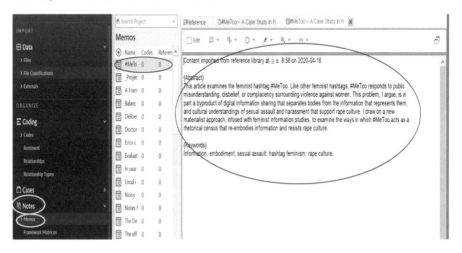

Source: 말하기 과제: 학생들은 언제 말문을 여는가?

Import 〉 Project 클릭

Import Project 〉 Browse

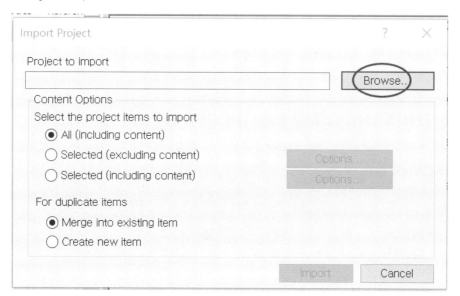

바탕화면 〉 ws 자료 모음집 클릭

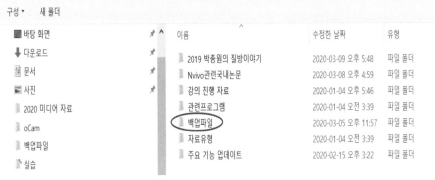

ws 자료 모음집 클릭 〉 백업 파일 클릭

백업 파일 〉 NVivo 8 2002 말하기 과제 선택

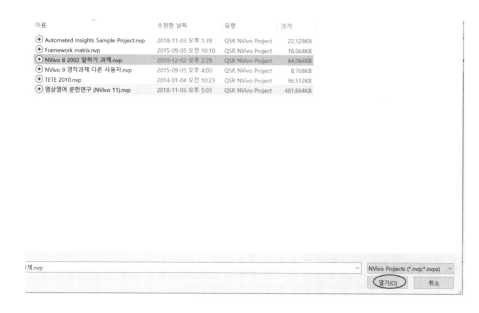

Import 클릭

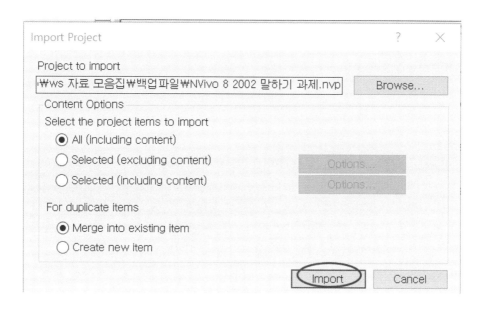

아래와 같이 말하기 과제가 생성된다.

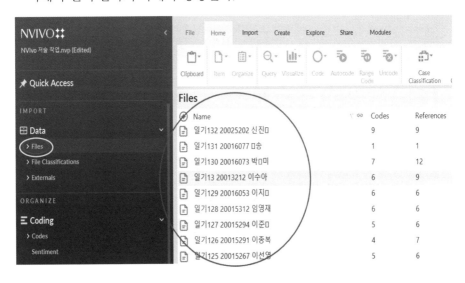

Explore > Word frequency 를 클릭

파일 간에 가장 빈번하게 사용되는 단어가 무엇인지를 볼 수 있다. 여기서는 1000번 가장 빈번하게 나오는 단어가 무엇인지 묻고 검색을 실행 할 수 있다.

한글의 경우 바: 1, 바다: 2, 바다가: 3으로 표시한다. Run Query 클릭

아래와 같이 1000번 가장 빈번하게 등장하는 단어를 볼 수 있다.

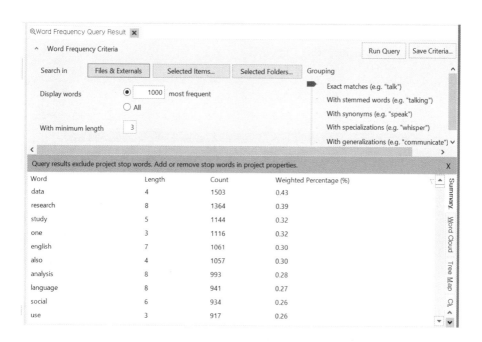

연구자가 원하지 않는 말, 예를 들면 may를 목록에서 제거 하려면 단어 중지 목록에 추가하면 된다.

may 〉 Add to stop word list 클릭

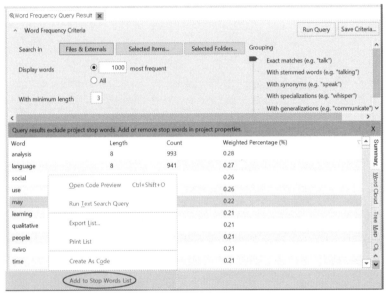

Words to add 〉 may 선택 〉 OK 클릭

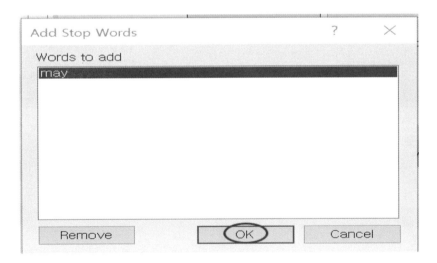

Run Query 실행

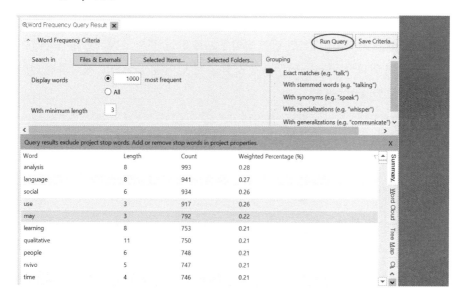

아래와 같이 may가 목록에서 사라진 것을 확인할 수 있다.

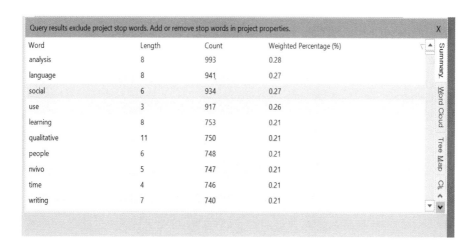

Word Frequency (단어 빈도)는 가장 많이 등장하는 자료를 시각화하는 방법 중의 하나이다.

Word Frequency를 실행하면 단어 클라우드를 만들 수 있고 NVivo의 우측에 이러한 기능이 있다. NVivo는 연구자가 포함을 한 단어를 중심으로 시각화된 단어 클라우드를 만들어 준다.

Run Query를 실행

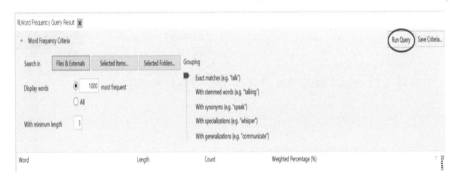

Word Cloud 클릭

Word	Length	Count	Weighted Percentage (%)
data	4	1503	0.43
research	8	1364	0.39
study	5	1144	0.33
one	3	1116	0.32
english	7	1061	0.30
also	4	1057	0.30
analysis	8	993	0.28
language	8	941	0.27
social	6	934	0.27
use	3	917	0.26
learning	8	753	0.21
qualitative	11	750	0.21
people	6	748	0.21

Export Word Cloud 클릭

Word Cloud는 발표 시 파워포인트 자료 안에 삽입이 가능하다.

아래와 같이 다양한 형태의 시각화가 가능하다.

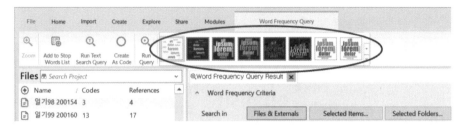

아래와 같이 다양한 파일 형식으로 내보내기도 할 수 있다.

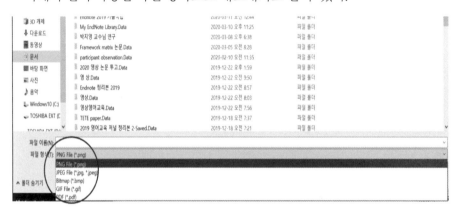

PDF 파일로 내보내기도 가능하다.

연구자의 경험에 따르면, 코딩 값을 주지는 않았지만 코딩을 하면 할수록 연구자의 머릿속에서 맴도는 말이 있을 경우가 있다. 예를 들면, 재미를 코딩하지는 않았지만, 이 말이 누구의 문서에서 몇 번 등장하는지를 확인하고 그 결과를 자동 코딩을 하기를 원할 때 필요한 기능이 바로 Text Search이다.

Explore 〉 Text Search 클릭

재미를 입력

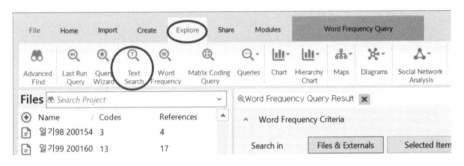

검색 옵션에서 연구자의 파일의 모든 텍스트 자료를 살펴 볼 수 있다.

결과를 Codes로 저장 할 수 있다. NVivo에서 Codes는 자료를 담아두는 바구니와도 같은 것이다.

Codes는 개념이나 아이디어를 지지하거나 둘러싸고 있는 단락을 묶어서 모아두는 곳이다. Text Search는 연구자가 찾고자 하는 주제에 맞는 핵심어를 찾아주는 역할을 한다.

　NVivo가 이러한 키워드를 찾아 주는데 연구자가 불필요한 것은 제거하고 자료
에 대한 이해를 높이는데 도움이 된다.

　　우측 Reference를 클릭

Name	In Folder	References	Coverage
Coding cross tab SPSS 연계	Files\\2020 강의 자료\\7주차	2	0.01%
Literature review I and II	Files\\2020 강의 자료\\7주차	11	0.04%
일기11 20013180 오은경	Files	1	0.08%
일기116 20015101 김태수	Files	1	0.31%
일기118 20015153 박은정	Files	1	0.04%
일기124 20015239 유진ㅁ	Files	1	0.09%
일기130 20016073 박ㅁ미	Files	1	0.09%
일기132 20025202 신진ㅁ	Files	1	0.14%
일기136 9948128 이ㅁㅁ	Files	1	0.06%
일기152 20027570 김경차	Files	1	0.09%

Store query results를 클릭

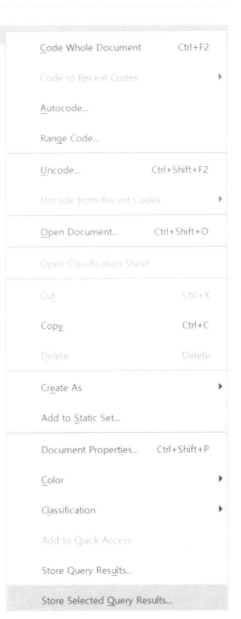

Store Query Results > Select

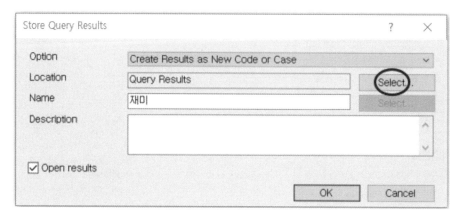

Codes > OK를 클릭

재미 입력 > OK를 클릭 한다

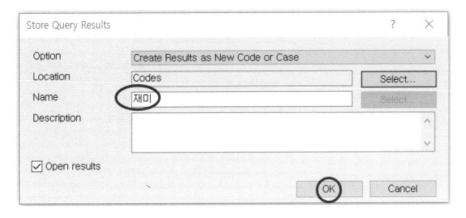

아래와 같이 Codes > 재미가 있는 것을 알 수가 있다.

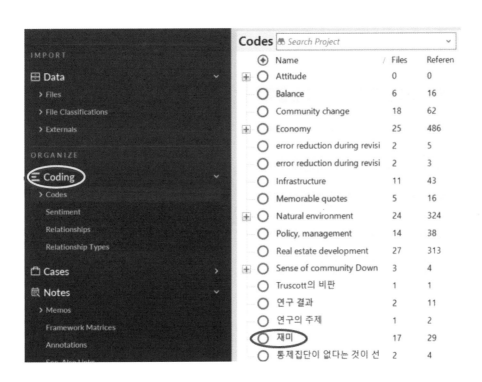

재미라는 주제는 어떤 패턴을 보일까? Run Query 실행

Text search query results > Word Tree 클릭

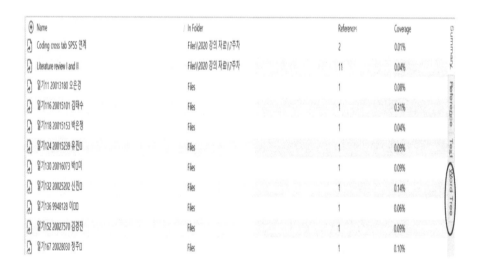

아래의 도식화된 그림을 볼 수 있다.

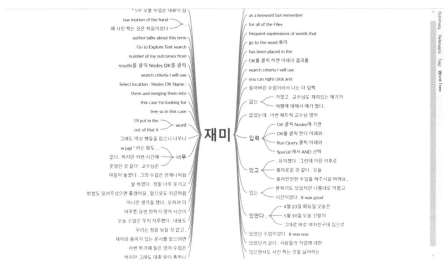

검색 미리 보기를 하고 코딩 펼치기는 하지 않는다. Word Tree (단어 나무)에서 재미가 중앙에 있고 재미를 중심으로 이전과 이후 다섯 단어가 맥락을 제공하고 있다. Text Search의 장점은 재미라는 말이 어떻게 사용되었는지를 신속하게 점검할 수 있고, 재미에 대한 개관을 할 수 있으며, 재미와 연관성이 높은 흥미 같은 말을 자료 안에서 찾을 수 있다는 것이다.

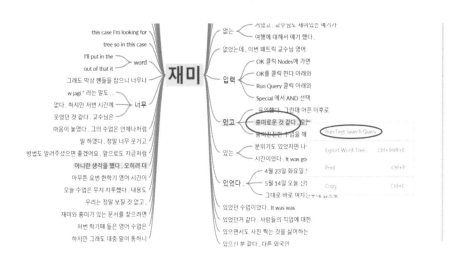

추가 검색을 하면, NVivo는 이전에 검색을 했던 파일로 돌아가 재미와 흥미가 있는 문서를 찾아 준다.

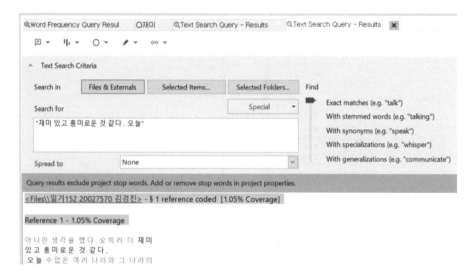

위에서처럼 재미와 흥미가 함께 있는 문서를 볼 수 있다.

논문 저자 간 비교 기법

논문 PDF 파일로 저자 간 공통점과 차이점의 여부를 알아보는 방법에 대해 시연해 보도록 하겠다.

Data 〉 Files에 가면 아래와 같은 저자의 논문을 열람 할 수 있다.

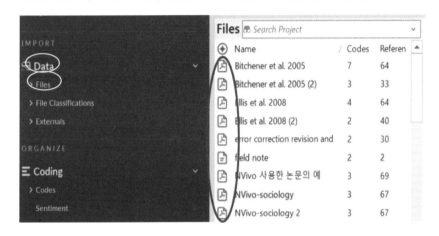

논문 원 자료를 Case로 지정 할 수 있다.

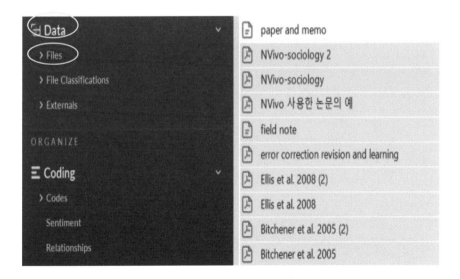

File 〉 Create As 〉 Create As Cases 선택

Files

Name			⊤ ∞	Codes	References
paper and memo				1	1
NVivo-sociology 2	Code Whole Document	Ctrl+F2		3	67
NVivo-sociology	Code to Recent Codes	▶		3	67
NVivo 사용한 논문의 예				3	69
field note	Autocode...			2	2
error correction revision				2	30
Ellis et al. 2008 (2)	Range Code...			2	40
Ellis et al. 2008	Uncode...	Ctrl+Shift+F2		4	64
Bitchener et al. 2005 (2)				3	33
Bitchener et al. 2005	Uncode from Recent Codes	▶	∞	7	64

Open Document... Ctrl+Shift+O

Export ▶

Print ▶

Open Classification Sheet

Cut Ctrl+X

Copy Ctrl+C

Delete Delete

Memo Link ▶

Create As ▶ 　Create as Static Set...

Add to Static Set... 　Create As Code

Query ▶ 　Create as Cases

Visualize ▶

Create as Cases
Create cases from the selected items.

Document Properties... Ctrl+Shift+P

Color ▶

Classification ▶

Add to Quick Access

Select Location 〉 Case 〉 OK 클릭

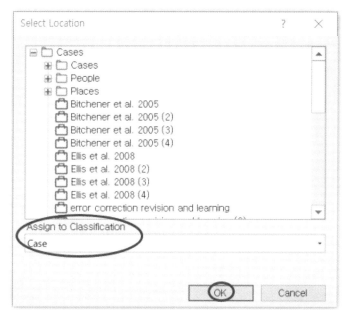

이렇게 해서 Codes 폴더에 저장이 되고 논문 검색 관련 두 가지 주요 기능을 활용할 수 있는 토대를 만들어 둔 것이다. Files와 여기에 대한 Cases가 만들어졌기 때문에 Matrix coding query를 실행 할 수 있다. Matrix는 행과 열, 다시 말해서 두 개의 factor가 있어야만 검색이 가능하기 때문이다.

Explore 〉 Matrix coding을 선택

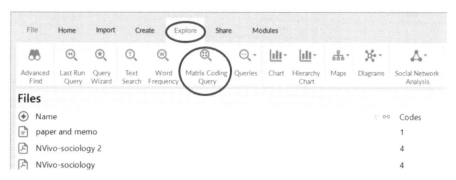

Matrix 코딩을 수행하려면 row 그리고 column을 잡아 주어야 한다.

행: 저자 목록

열: 내가 코딩한 것

순서는 관계없음.

Matrix Coding Query 왼쪽에서 select items를 클릭

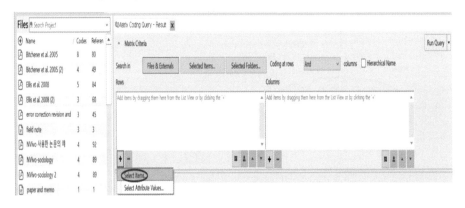

Codes에서 해당 코딩을 체크 마크 〉 OK를 클릭

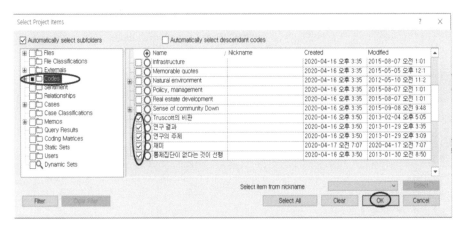

오른쪽으로 가서 select items 선택

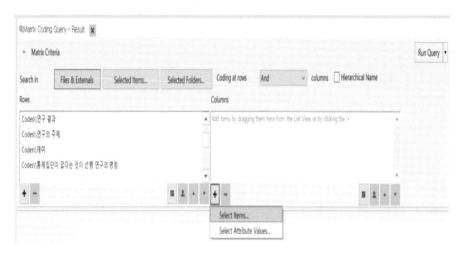

Cases 〉해당하는 case를 모두 선택 〉OK를 클릭

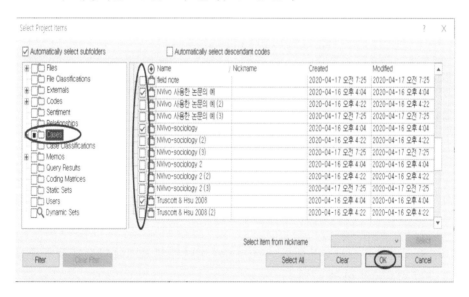

Run Query를 클릭 한다

아래와 같이 레퍼런스 수와 함께 결과를 볼 수 있다.

	A : Bitchener et al. 2... ▽	B : Ellis et al. 2008 ▽	C : error correction r... ▽	D : NVivo 사용한 논문... ▽	E : NVivo-sociology ▽	F : Truscott & Hsu 20... ▽
1 : Truscott의 비판 ▽	0	0	0	0	0	0
2 : 연구 결과 ▽	7	4	0	0	0	0
3 : 연구의 주제 ▽	0	0	0	0	0	2
4 : 재미 ▽	0	0	0	0	0	0
5 : 통제집단이 없다는... ▽	3	0	0	0	0	0

위의 결과를 통해서 논문에서 어떤 저자가 어떤 주제에 대해 담론의 무게 중심을 두고 있는지를 알 수 있다.

자료에 나타나는 패턴을 좀 더 잘 살펴보려면 색상 코딩을 활용하고 내보내기도 할 수 있다.

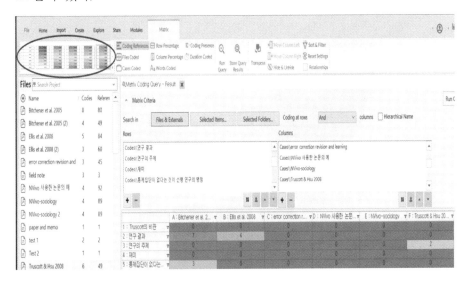

Matrix 검색을 하고 나면 Chart도 볼 수 있다.

우측 하단 Chart를 클릭

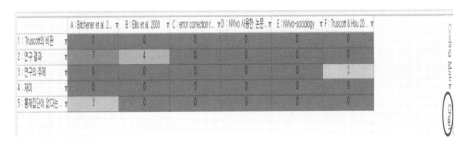

아래와 같이 Chart를 볼 수 있다.

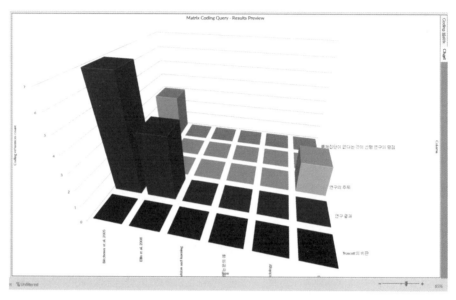

차트 보기 관련 다양한 옵션이 있다.

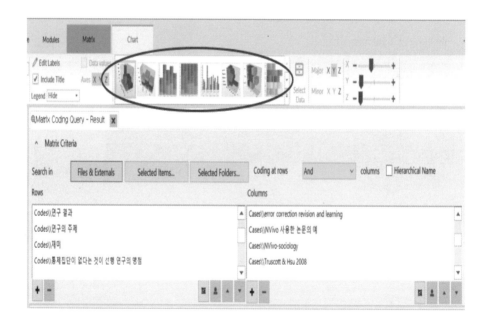

오른쪽 마우스 클릭하고 내보내기를 해서 파워포인트에 삽입하여 발표를 할 수도 있다.

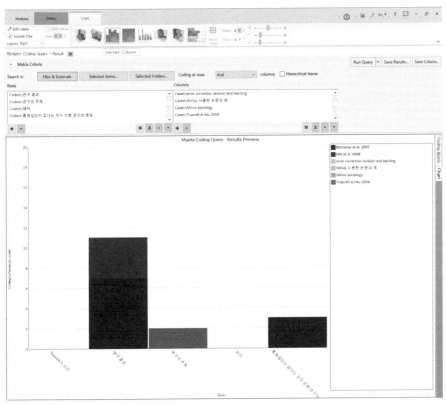

매트릭스 검색의 가장 중요한 기능은 양적 자료를 볼 수 있는 것뿐만 아니라 숫자 뒤에 있는 패턴이나 경향을 볼 수 있는 것에 있다. 숫자 뒤에 있는 패턴을 보려면 Ellis et al. 2008에 있는 레퍼런스 수 4를 클릭 한다.

	A : Bitchener et al. 2... ▽	B : Ellis et al. 2008 ▽	C : error correction r... ▽	D : NVivo 사용한 논문... ▽	E : NVivo-sociology ▽	F : Truscott & Hsu 20... ▽
1 : Truscott의 비판 ▽	0	0	0	0	0	0
2 : 연구 결과 ▽	7	4	0	0	0	0
3 : 연구의 주제 ▽	0	0	0	0	0	2
4 : 재미 ▽	0	0	0	0	0	0
5 : 통제집단이 없다는... ▽	3	0	0	0	0	0

아래와 같이 원 자료를 볼 수 있다.

@Matrix Coding Query - Result @Matrix Coding Query - Result **X**

<Files\\Ellis et al. 2008> - § 4 references coded [5.24% Coverage]

Reference 1 - 2.72% Coverage

There is a dog. The dog felt very hungry.
* One day the dog stole a bone from the butcher. The dog escaped. ('a' needed for first mention of 'dog' and 'butcher').
* The dog tried stealing a bone. He biting a bone. ('the' is needed for second mention). There are good reasons for choosing articles to express first mention and anaphoric ref-
erence as the target structure. First, obligatory occasions for this use of articles appear regularly in certain types of discourse (e.g. narratives) and thus provide a basis for reliable analysis of learners' accuracy of use. Second, learners of intermediate level and above will already have begun to acquire English articles (see, for example, Young, 1996). That is, they will be appearing in their writing. Thus, they constitute an example of a structure that has been partially acquired (i.e. used but not always correctly) rather than an entirely new structure. Arguably, CF (as a form of negative evidence) will be more effective in assisting learners to develop control over structures they have began to acquire than in helping them acquire entirely new linguistic forms that they may not be ready to acquire. Third, articles constitute a problem for L2 learners, especially those learners whose L1 does not contain articles (e.g. the Japanese learners that were the participants of the study). Fourth, although articles constitute a highly complex sub-system because they are multi-functional, the use of the indefinite and definite articles to express first mention and anaphoric reference constitutes a relatively well-defined aspect which can be easily understood by most learners.

Matrix에 있는 셀의 값을 number of Files coded or Codes, number of words coded duration 로 변경 할 수 있고, 오디오 비디오 자료 행 퍼센티지는 주어진 행의 자료에 코딩이 된 퍼센티지나 각 셀을 대표하는 퍼센티지를 보여준다.

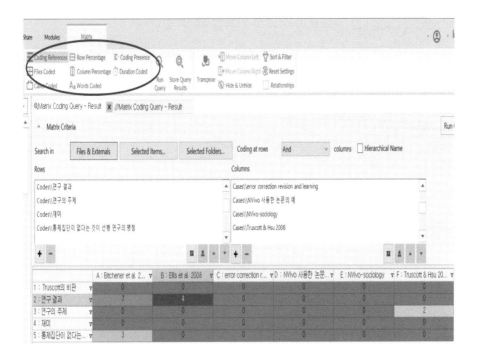

Column percentage는 주어진 셀을 대표하는 퍼센트를 말한다.

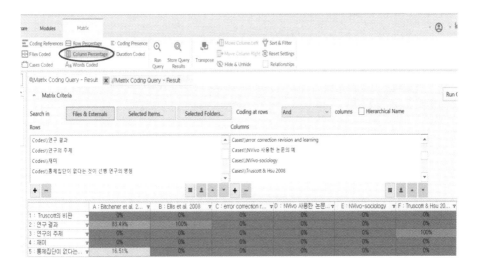

Coding presence를 선택하면 아래의 결과를 볼 수 있다.

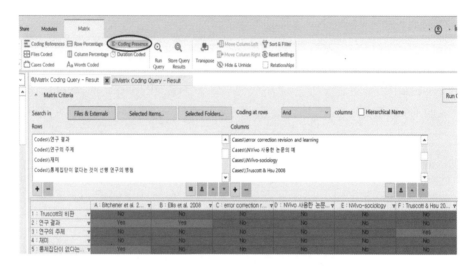

코딩 여부에 대한 간단하게 Yes와 No로 답을 한 것을 알 수 있다.

논문 글쓰기를 할 때 저자가 무엇에 대해 언급하는지를 상기 할 수가 있고 자료를 다른 방식으로 볼 수 있게 해준다는 것이 장점이다.

관련된 또 다른 도구가 framework matrices 가 있다. Create 〉 Framework matrix.

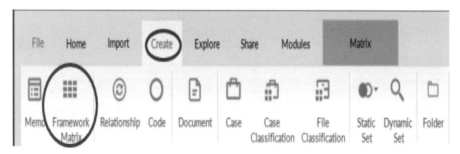

New Framework Matrix 〉author comparison 입력

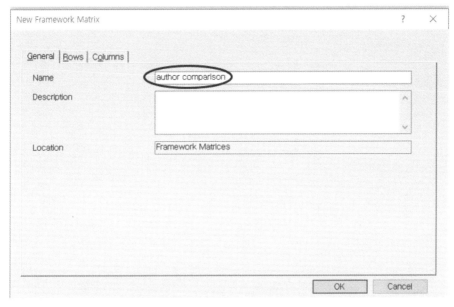

Row에 연구자가 코딩한 값을 선택 할 수 있다.

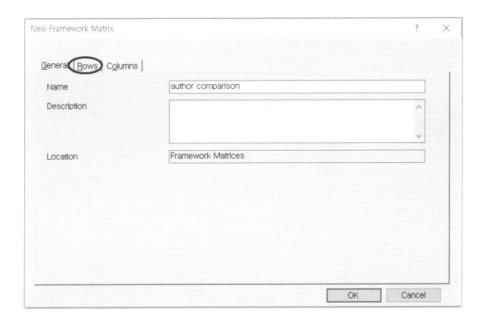

Select 클릭

Row 〉 Select cases에 있는 모든 내용 〉 OK를 클릭

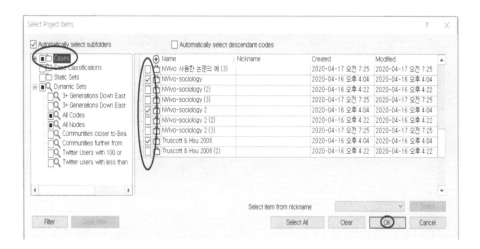

Column을 선택

Select 〉 OK를 클릭

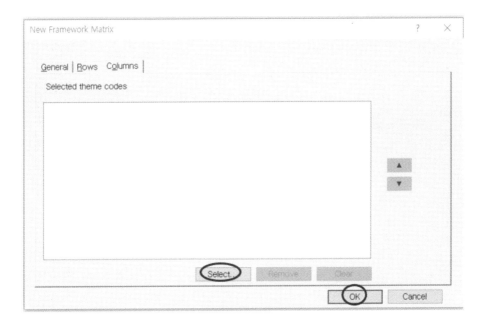

Codes 〉 Codes 내용 전부 선택 〉 OK 클릭

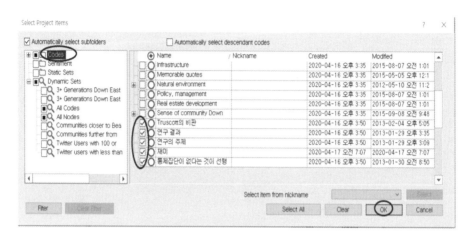

OK 클릭

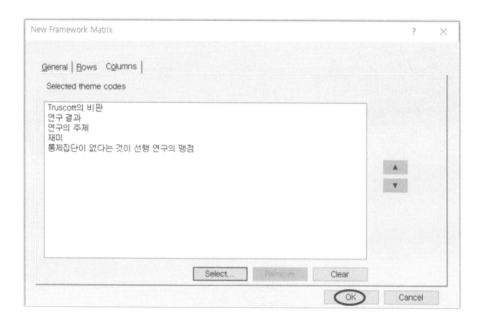

아래와 같은 결과를 볼 수 있다.

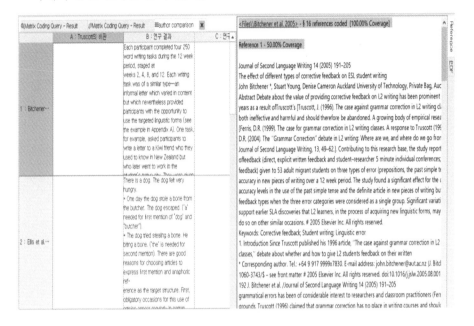

문헌 조사를 수작업을 하지 않고 NVivo를 사용하면 위의 내용을 자동으로 요약
해 주는 기능이 있다.

Framework matrix에서 Auto summarize를 클릭한다.

대화 창에서 9개의 자동 요약이 진행된 것을 확인 할 수가 있다.

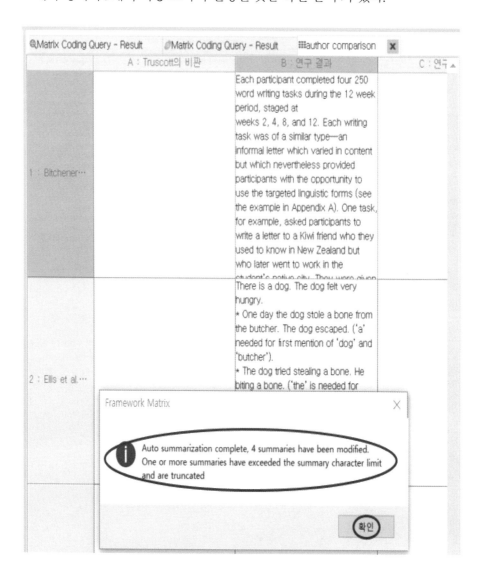

저자 간 비교도 가능한데 먼저 연구자가 코딩한 내용부터 가보자. 연구자가 코딩한 것은 Case에 있다.

Create > Framework Matrix를 클릭

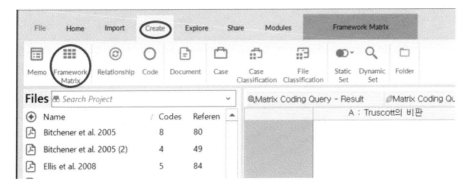

Author comparison > Row로 간다.

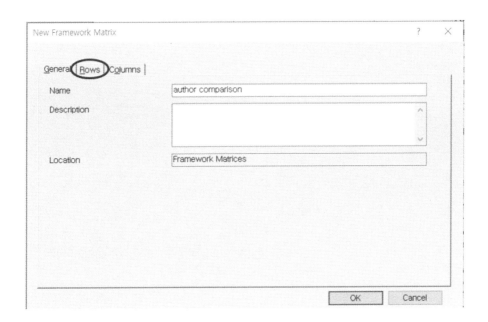

Select

Bitchener, Ellis, Truscott을 선택 > OK를 클릭

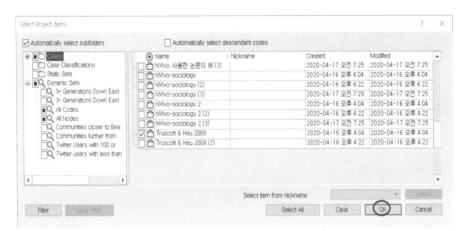

Columns를 클릭

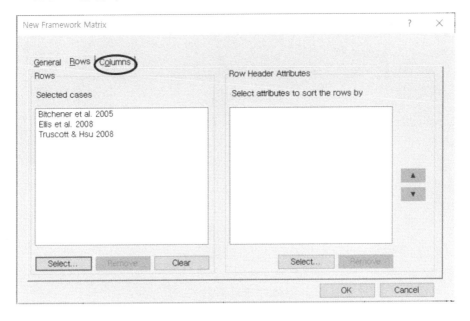

Codes 〉 노드의 내용을 체크 〉 OK를 클릭

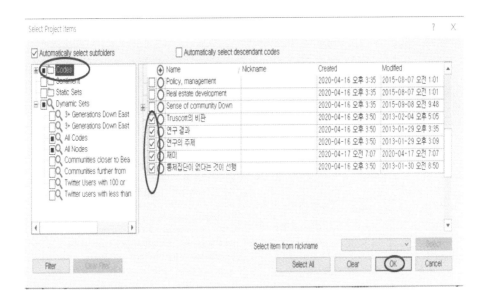

OK를 클릭

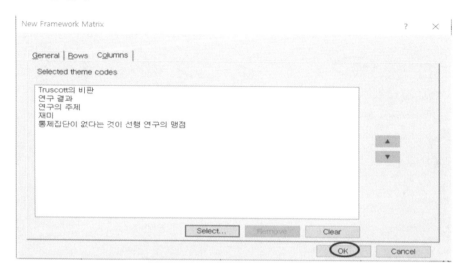

아래와 같이 저자 간 비교 검색의 결과를 볼 수 있다.

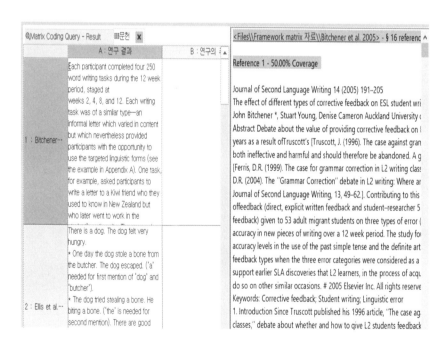

위의 표에 따르면, Bitchener는 자신의 논문에서 error reduction, 통제 집단 부제에 관해 언급하였고, Ellis 등은 세 가지 주제에 대해 언급한 바가 없고, Truscott & Hsu는 error reduction 만 언급하고 있는 것을 알 수 있다. 이러한 내용을 토대로 논문 글쓰기를 진행할 수 있고 원할 경우 텍스트 색상도 바꿀 수 있다.

Framework matrix 결과물을 내보내려면, 오른쪽 마우스 클릭 〉 Export Framework Matrix를 선택 한다.

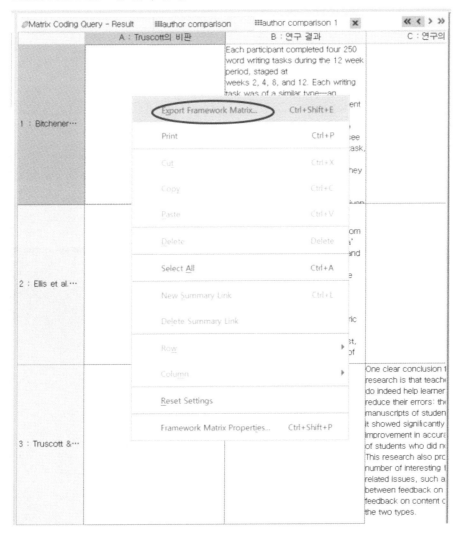

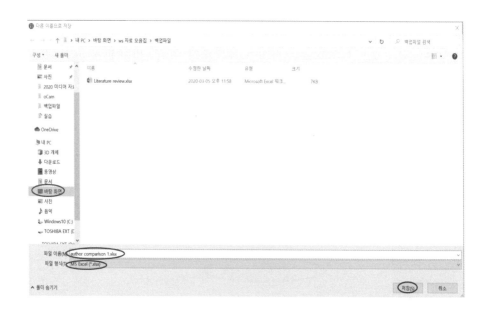

NVivo가 없는 동료를 배려하여 엑셀로 보내고 동료의 피드백을 받을 수도 있다.

연구자 컴퓨터 바탕화면에서 author.xls를 선택하고 두 번 클릭

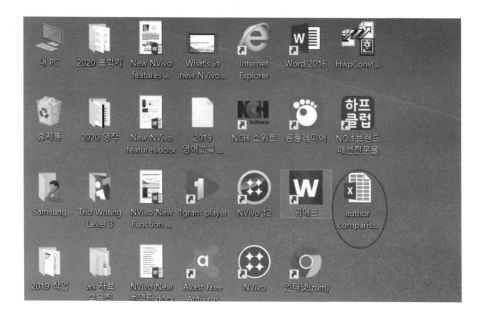

아래에서 공란은 관련 자료가 없음을 말한다. 공란이 연구 필요성을 알려주는 부분이다.

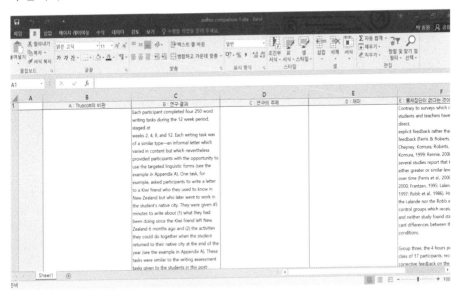

저자 별 사용하는 말로 군집을 묶고 이를 시각화 할 수도 있다.

Explore > Diagrams > Cluster analysis

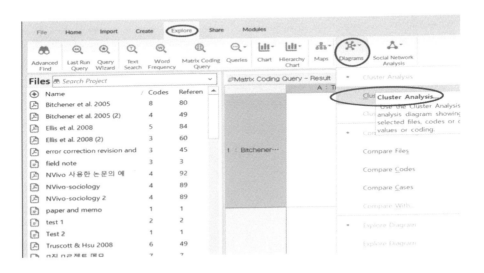

Files, Externals & Memos 〉 Next 클릭

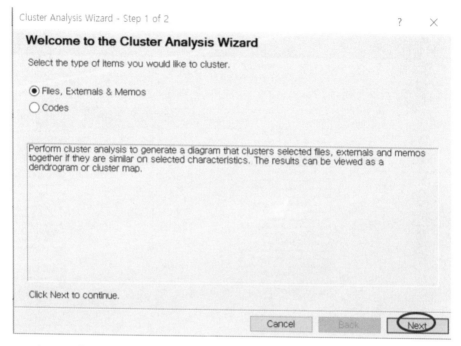

Select 클릭

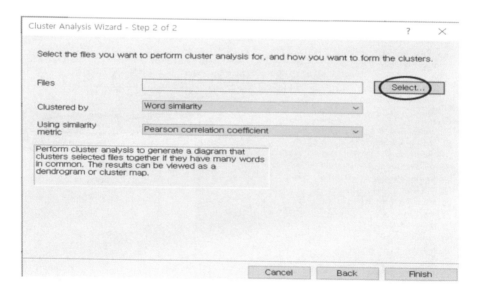

PDF Files 〉 File 전체 선택 〉 OK 클릭

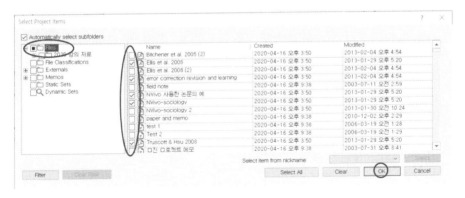

단어 유사성 관련 Pearson correlation coefficient 가 있기는 하나 여기서는 Jarcard's and Sorensen's 를 사용하여 단어 유사성 분석을 해보도록 하자.

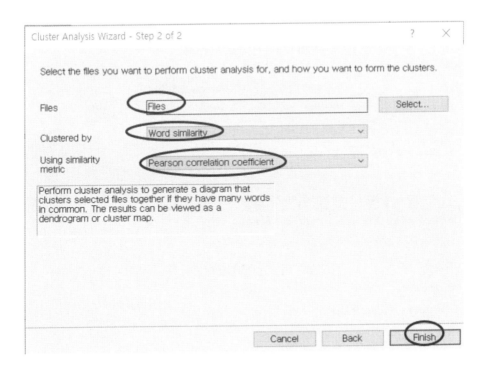

아래의 덴도그램은 정확하게 6편의 논문을 NVivo와 문자교정지도 관련 학자의 논문으로 양분을 하고 있다. 이러한 그림은 정확한 산출 결과를 근거로 도식화한 것인데 구체적인 수치를 파악하기를 원하면, Summary를 클릭 한다.

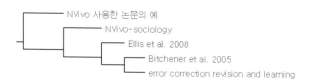

Summary 클릭

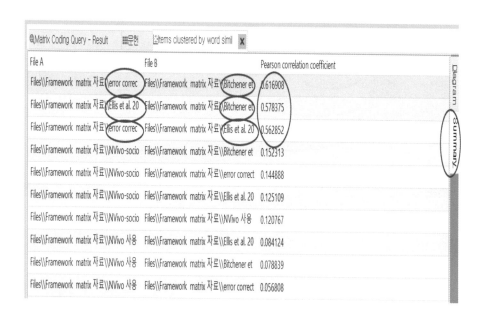

수치가 0.5 이상일 경우 연관성이 매우 높은 것으로 해석 할 수 있겠는데, 0.5 이상의 파일들이 문자교정지도 학자들의 논문으로 연결되며 NVivo 관련 서적이나 논문은 별도로 묶이는 것을 알 수 있다.

다양한 관점에서 결과를 볼 수 있는 옵션이 아래와 같이 전시되어 있다.

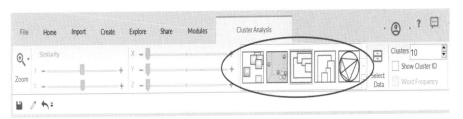

구체적인 연구 맥락에서 진행된 예를 들면, 연구자는 2004 말하기 과제를 수행하면서 다음과 같은 코딩 결과가 나왔다. Coding > Codes > Tree Codes > 영어회화 장애요인 옆 플러스 표시 해제

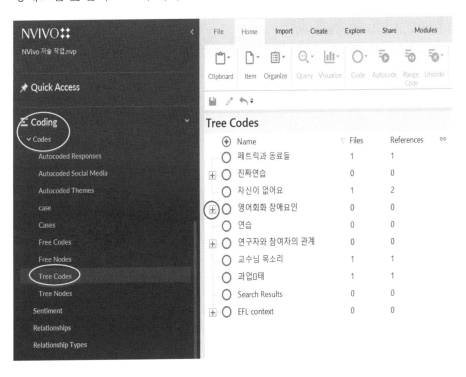

영어회화 장애요인 〉 Psychological 〉 lack of confidence, fear of making mistakes
가 있다.

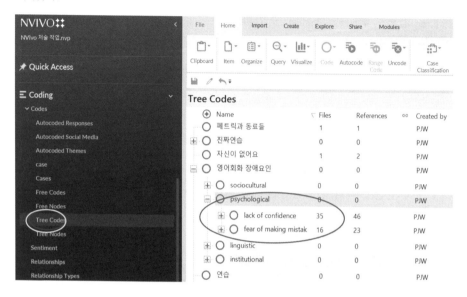

연구자가 psychological factor 하부 노드의 lack of confidence와 fear of making
mistakes가 코딩 값에 공통점과 차이점이 있는지 차이가 있다면 통계적으로 유의
미한지를 알고 싶다고 하자. 코딩 값은 학생들을 능력별로 분류한 사례를 근거로
하고 Ability by 심리적 요인 두개의 코딩에 대한 검색이며 질문을 정리하면, 학생
들은 능력에 따라 심리적 요인의 하부 노드인 lack of confidence와 fear of making
mistakes에 대하여 인식에 있어 공통점과 차이점이 있는가를 묻고자 한다.

Explore 〉 Matrix Coding Query 클릭

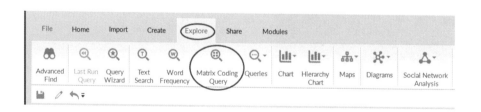

좌측의 Rows 옆 플러스 클릭

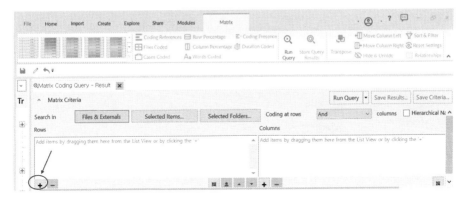

Select Items 선택

Files〉Case Classification 〉Ability 〉1,2,3,4,5 체크 마크 〉OK 클릭

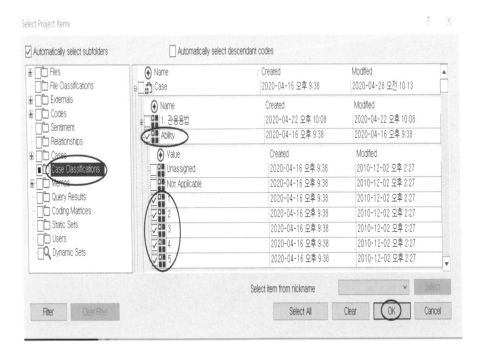

우측의 Columns 옆 플러스 표시 클릭

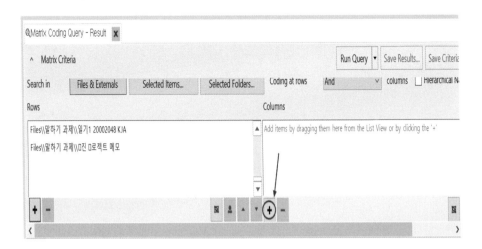

Tree Codes 〉영어회화 장애요인 〉Psychological 〉fear of making mistakes, lack of confidence 〉OK 클릭

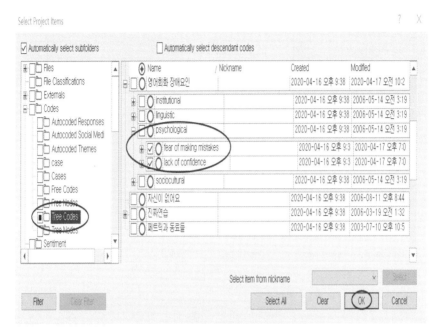

Run Query 검색

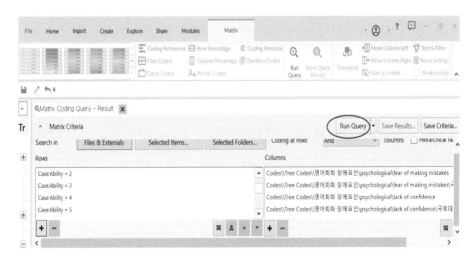

아래의 검색 결과를 볼 수 있다.

	A : fear of making mi... ▽	B : lack of confidence ▽
1 : Case:Ability = 1 ▽	1	2
2 : Case:Ability = 2 ▽	5	9
3 : Case:Ability = 3 ▽	2	5
4 : Case:Ability = 4 ▽	6	9
5 : Case:Ability = 5 ▽	2	8

데이터 옆에서 마우스 오른쪽 클릭 〉 Cell Content 〉 Files Coded 〉 All Classifications 클릭

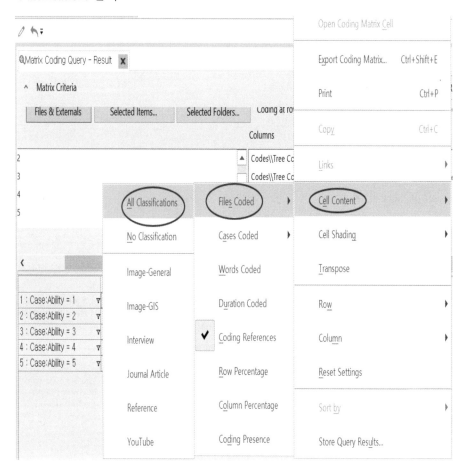

결과를 살펴보면

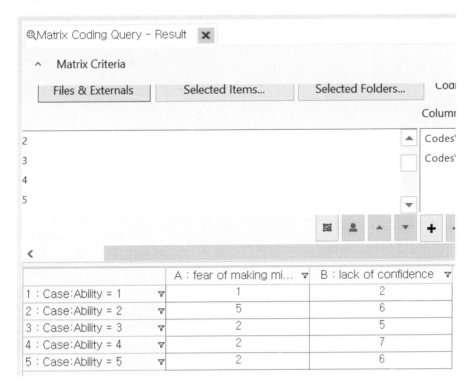

학생들은 능력에 관계없이 lack of confidence에서 코딩 값이 더 많이 나온 것을 알 수 있다. 이것은 중요할까? 대소를 말해 주는 것이고 중요도를 말하는 것은 아니다. 위의 결과를 Excel로 보내고 SPSS로 유의도 검증을 하고 그 결과가 나와야만 숫자의 의미가 중요한지의 여부를 확인 할 수 있다.

자료 옆에서 마우스 오른쪽 클릭 〉 Export Coding Matrix 선택

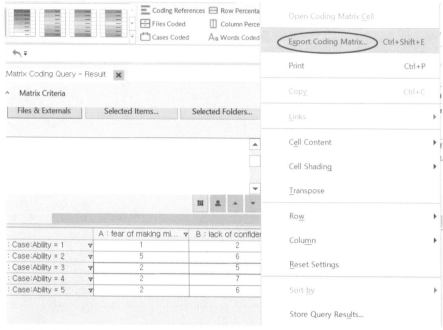

바탕화면 〉 능력 by 심리적 요인 〉 저장 클릭

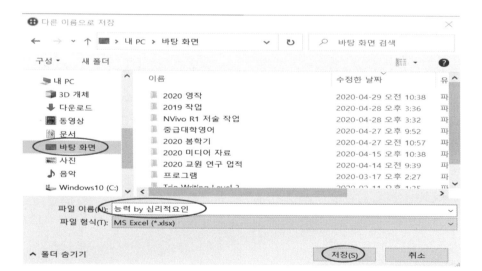

저자의 컴퓨터 바탕화면으로 가서 능력 by 심리적 요인 엑셀 파일 두 번 클릭

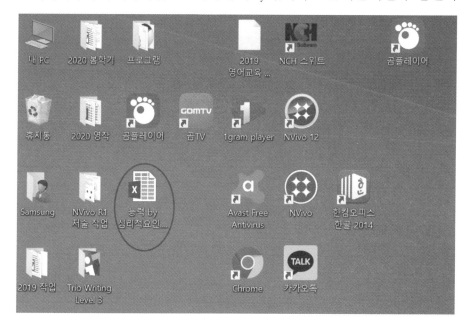

해당 원 자료 선택 > 마우스 오른쪽 클릭 > 복사 선택

	A : fear of making mistakes	B : lack of confidence	
1 : Case:Ability = 1	1	2	잘라내기(T)
2 : Case:Ability = 2	5	6	복사(C)
3 : Case:Ability = 3	2	5	붙여넣기 옵션:
4 : Case:Ability = 4	2	7	
5 : Case:Ability = 5	2	6	
			선택하여 붙여넣기(S)...
			스마트 조회(L)
			삽입(I)...
			삭제(D)...
			내용 지우기(N)
			빠른 분석(Q)
			필터(E)
			정렬(O)
			메모 삽입(M)
			셀 서식(F)...
			드롭다운 목록에서 선택(K)...
			윗주 필드 표시(S)

SPSS 열고 원 자료 붙이기를 한다.

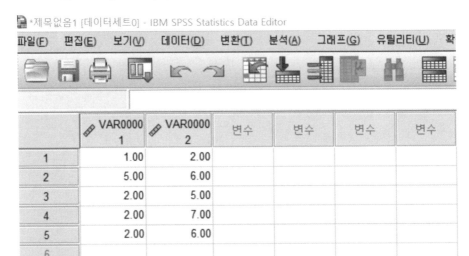

분석을 위해 그룹 1과 2로 자료를 아래와 같이 분류한다.

	VAR0000 1	VAR0000 2	변수	변수	변수
1	1.00	1.00			
2	5.00	1.00			
3	2.00	1.00			
4	2.00	1.00			
5	2.00	1.00			
6	2.00	2.00			
7	6.00	2.00			
8	5.00	2.00			
9	7.00	2.00			
10	6.00	2.00			

분석 〉 비모수 검정 〉 레거시 대화 상자 〉 2-독립표본 선택

확인 선택

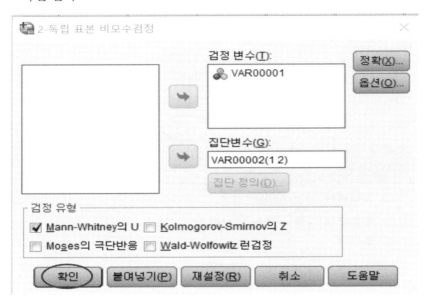

아래의 결과를 볼 수 있다.

➜ 비모수 검정

Mann-Whitney 검정

순위

VAR00002		N	평균 순위	순위합
VAR00001	1.00	5	3.60	18.00
	2.00	5	7.40	37.00
	전체	10		

검정 통계량[a]

	VAR00001
Mann-Whitney의 U	3.000
Wilcoxon의 W	18.000
Z	-2.061
근사 유의확률 (양측)	.039
정확 유의확률 [2*(단측 유의확률)]	.056[b]

a. 집단변수: VAR00002

b. 등순위에 대해 수정된 사항이 없습니다.

결과에 따르면 lack of confidence가 fear of making mistakes 보다 코딩 값이 많이 나온다는 것이 통계적으로 유의한데 (p=.039) 따라서 학생들에게 있어서는 lack of confidence가 fear of making mistakes 보다는 말하기 장애요인 면에서 더 중요한 영향을 그들의 언어 학습과정에 준다는 것이다.

지금까지 저자의 경험에 따르면 질적 연구 방법론 책에서 질적 연구자가 숫자를 싫어한다는 말을 본적이 없다. 오히려, Maxwell (1996)은 양적으로 접근 한 연구와 질적으로 접근했을 때 같은 결과가 나온다면 방법론적 삼각망 관점에서 볼 때 연구의 타당도가 매우 높게 평가 된다는 점을 강조한다.

질적 연구 방법론의 바이블이라 할만한 Naturalistic Inquiry의 저자 Lincoln과 Guba도 초창기에는 당대를 대표할만한 영향력 있는 통계학자 이었지만 통계 분석을 통해 경향은 알 수 있으나 왜 그런지에 대한 해명을 얻을 수 없기 때문에 소수를 대상으로 다각화된 자료 수집을 함으로서 깊이 있는 탐구를 통한 깊이 있는 해석을 가능하게 하는 방법으로 질적 연구의 주창자가 된 점은 우리에게 시사하는 바가 매우 크다고 하겠다.

3. Classifications를 활용한 문헌조사

NVivo classification은 연구자 파일을 만들고 변경하는데 사용된 정보의 변수나 범주를 대표하는 파일 속성 값을 그룹화 하는데 사용되는 데이터베이스를 말하며 속성은 파일을 구조화 하고 classifications을 클릭하여 검색을 용이하게 한다.

Files 〉 File classifications을 실행하면 아래와 같이 불러온 Endnote 자료가 새로운 classification으로 들어와 있는 것을 볼 수 있다.

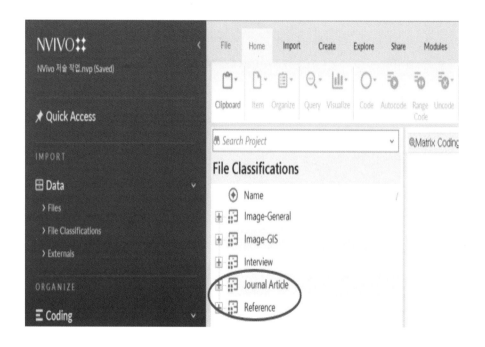

Reference 옆의 플러스 표시를 클릭 하면

속성은 레퍼런스 필드와 같으며, Endnote에서처럼 저자, 년도, 제목 등으로 분류가 된 것을 알 수 있다. Reference 두 번 클릭

파일 속성과 정보가 열리고 classification 〉 오른쪽 마우스 클릭을 하면 엑셀로
내보내기를 할 수 있다.

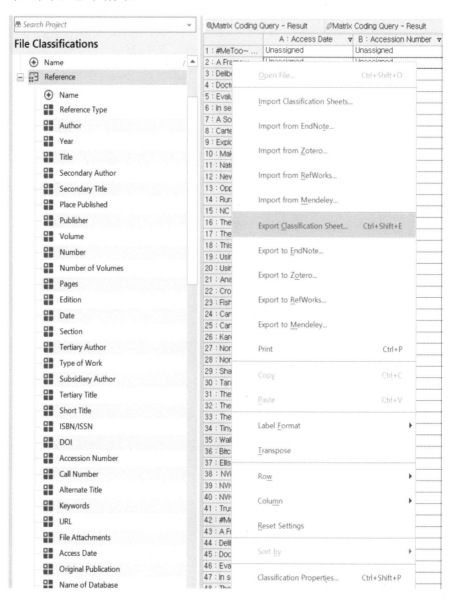

Codes에서 불러온 속성값 전부가 필요하지 않을 수도 있는데, 속성값을 삭제하려면, 예를 들어, pages의 경우 선택하고 오른쪽 마우스 클릭 > delete을 하면 된다.

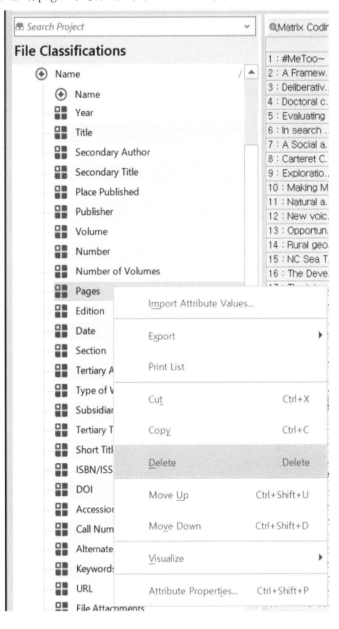

속성 값을 추가하려면 classification이나 database 이름 옆에서 오른쪽 마우스 클릭하고 새로운 속성 값을 만든다.

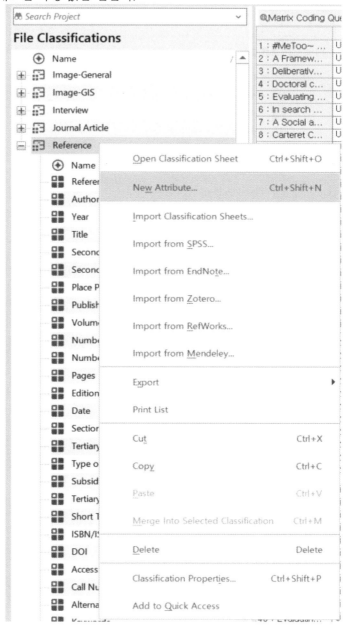

연구에 사용된 방법에 따라 연구자 파일을 분류하는데 사용할 methodology 속성을 만들어 보자.

Methodology 입력 〉 Values 클릭

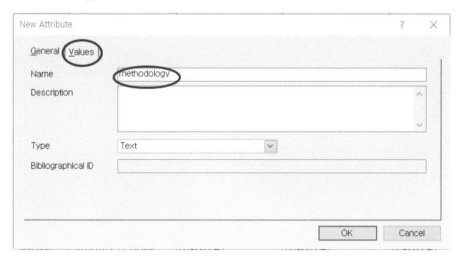

속성 값을 클릭하면 애초 값으로 unassigned 와 not applicable이 나오는 것을 알 수 있다.

속성 값이 양적이나 질적 방법 어디에도 적용이 안 될 경우 혼합형 연구로 분류하기로 하자.

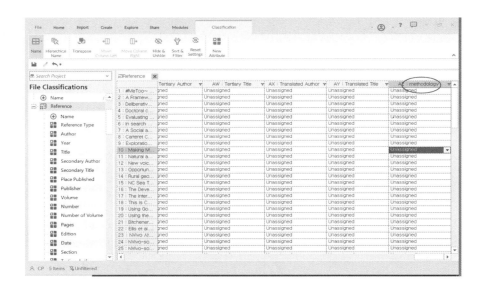

아래와 같이 목록에 새로운 속성이 추가된 것을 알 수 있다.

Files에 속성 값을 지정해 주어야 하는데, 예를 들면, 첫 번째 아티클은 질적 연구
방법론을 적용하였고 두 번째는 양적으로 접근하였다.

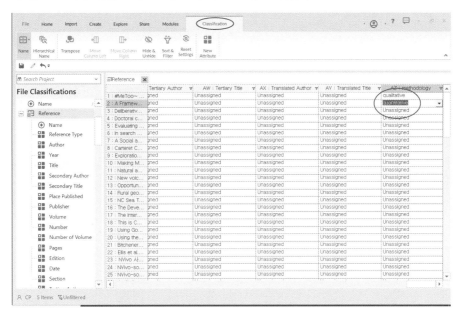

사용하지 않는 속성을 제거하면 속성은 저자와 연도만 남게 되고 더 이상 속성
은 존재하지 않게 된다.

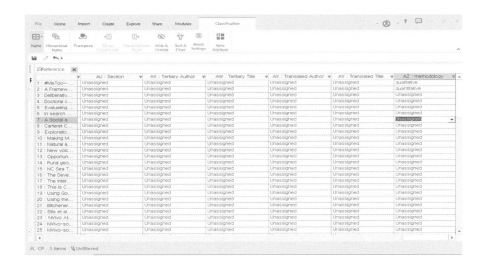

현재 보유하고 있는 파일을 파악하고 그룹에 따른 정보를 쉽게 볼 수 있다. 방법론 유형이나 기타, 다른 속성으로 분류 할 수 있다.

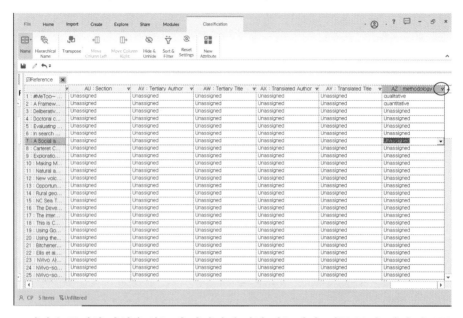

이것은 특정한 파일을 찾는데 있어서 용이한 기능이다. 예를 들면, 질적 연구를 주요 방법론으로 사용한 파일을 찾으려면, Classification Filter Options 〉 value 〉 qualitative 선택 〉 OK 클릭

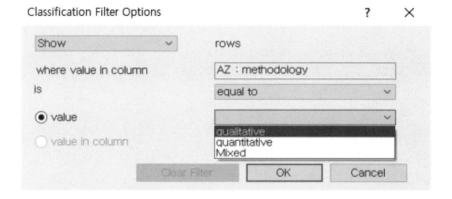

주제나 잠재적 유형을 비교하려고 할 때에도 검색을 사용 할 수 있다.

Source: NVivo 8 2002 말하기 과제

Query는 Files에서 패턴을 찾고 코딩을 구조화 하는 과정이다.

Codes는 서로 다른 파일을 그룹화 한 레퍼런스나 증거를 최대한 많이 확보 하고 있어야 한다.

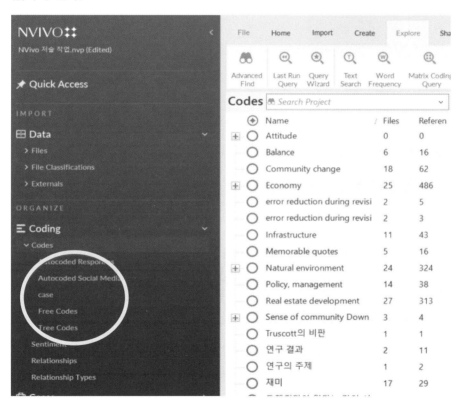

토픽, 주제, 이론, 또는 경험을 바탕으로 한 증거자료에 따라 문헌 조사 글쓰기에 각각의 Codes가 얼마나 도움이 되는지 절실하게 느끼게 될 것이다.

특별한 주제나 토픽을 대표하는 Codes를 열고 모든 적절한 정보와 증거 자료를 읽을 때 NVivo는 소스의 정보가 레퍼런스를 만드는 과정에서 어떤 정보에서 나왔는지를 연구자에게 알려주고 논문 글쓰기를 매우 용이하게 해준다.

영어회화장애요인 〉 심리적 요인 〉 fear of making mistakes and lack of confidence.

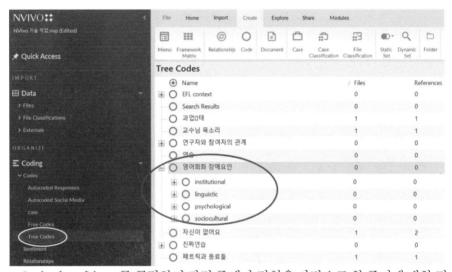

Lack of confidence를 클릭하면 관련 주제나 경험을 바탕으로 한 증거에 대한 정보를 볼 수 있다.

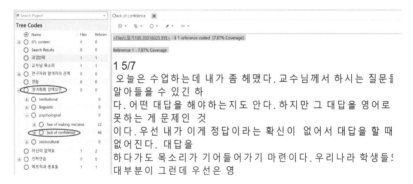

특수한 주제에 따라 각각의 Files에 레퍼런스가 몇 개가 있고 소스의 원천이 어디며 하이퍼링크를 클릭하면, 특수한 레퍼런스는 노란색으로 표시가 되어 있고 세부 맥락을 통한 읽기가 가능하다.

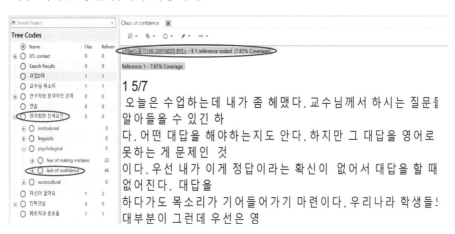

문헌 조사는 자료 분석 과정과 매우 흡사하다고 하겠다. 예를 들면, coding into new or existing Codes, double coding, merging Codes 와 creating child and parent Codes와 같은 공통된 테크닉과 도구를 사용한다.

Codes 〉 재미의 경우처럼 에서 이미 코딩 값이 있다면

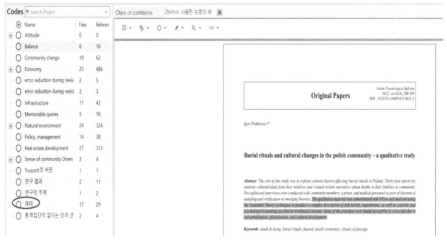

기존의 Codes에 끌어다 붙일 수 있다.

만약 기존에 코딩 값이 없다면 마우스 오른쪽 클릭 〉 Code 선택

Original Papers

Polish Psychological Bulletin
2012, vol.43(4), 288-309
DOI - 10.2478/v10059-012-0032-3

Igor Pietkiewicz*

Burial rituals and cultural changes in the polish community – a qualitative study

Abstract: The aim of this study was to explore cultural factors affecting burial rituals in Poland. Thirty-four university students collected data from their relatives and created written narratives about deaths in their families or community. Ten additional interviews were conducted with community members, a priest, and medical personnel as part of theoretical sampling and verification of emerging theories. The qualitative material was administered with NVivo and analysed using the Grounded Theory techniques to produce a complex description of folk beliefs, superstitions, as well as symbolic and psychological meaning ascribed to traditional customs. Some of industrialisation, globalisation, and cultural development.

Keywords: death & dying, burial rituals, funeral, death ceremon

The psychosocial dimension of death and dying

Thanatology literature describes two major attitudes towards death: one that involves accepting it as a natural part of life and embracing it consciously, and the other characterised by rejection and denial of its existence (Giblin and Hug, 2006). The former attitude is more likely to be observed in collective cultures or agrarian communities, whereas the latter is specific of modern, industrialised, urban cultures. When individuals are able to confront the fact that everything is impermanent and integrate death into daily existence (respect it as part of the life cycle) it often results in a more sacred way of living. This may lead to greater peace and strength to deal with life adversities, as well as more reflexive attitude towards life (Pietkiewicz, 2008). On the other hand, denying the fear of death also leads to denial of other healthy parts of the psyche. Subsequently, opportunities for personal growth are missed (Giblin and Hug, 2006). According to sociological surveys conducted by Derczyński (1994, 2001) and Boguszewski (2005), the majority of Poles believed in life after death (57% out of 1184 respondents in 1994, 69% out of 1020 respondents in 2001, and 65% out of 1052 respondents in 2005). However, only 36% of them solely linked the

Code Selection...	Ctrl+F2
Code to Recent Codes	▶
Code In Vivo	Ctrl+F8
Uncode...	Ctrl+Shift+F2
Uncode from Recent Codes	▶
New Annotation	Ctrl+Shift+A
Export PDF...	Ctrl+Shift+E
Print	Ctrl+P
Copy	Ctrl+C
Paste as See-Also Link	
Selection Mode	▶
Select All	Ctrl+A
Links	▶
PDF Properties...	Ctrl+Shift+P

* University of Social Sciences and Humanities, Faculty in Katowic
Correspondence concerning this article should be addressed to Igor Piet
ulty in Katowice, Kossutha 9, 40-844 Katowice, Poland. e-mail: ipietki

New Code 공란에 연구 필요성 입력

아래와 같이 연구 필요성 코딩 값이 등록된 것을 알 수 있다.

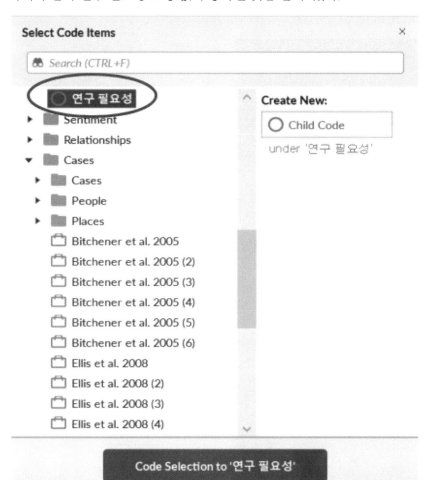

연구관련 아이디어를 저장하는 공간을 만들기를 원하면 Tree Codes > New
Codes 클릭

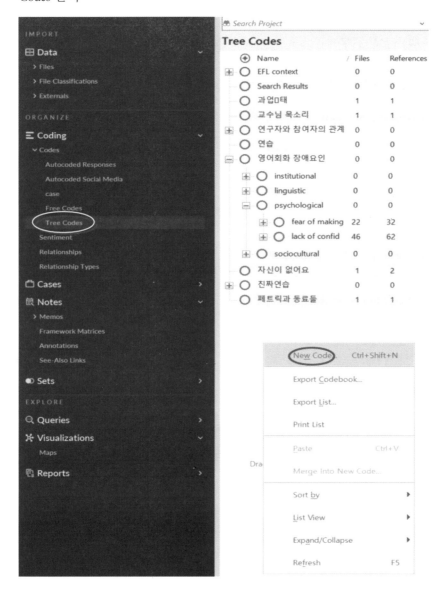

Food for thought 입력 > OK를 클릭

연구 아이디어와 관련해서 언제든지 연구자가 메모를 할 수 있는 공간으로 연구자의 연구 주제와 관련해 선행 연구와 현재 연구와의 괴리감이 있으면 이 부분에 대한 역설을 하고, 토픽, 이론 그리고 경험적 증거와는 별개로 특별한 주제에 대해 우리가 아는 것과 모르는 것에 대하여 연구 아이디어나 기타 내용에 대해 정당화를 하는 노드를 만들 수 있다.

인용하고자 하는 학자가 연구 토픽에 매우 적절하거나 중요할 때에도 코딩을 할 수가 있다. Files로 돌아가 보자.

Files 〉 Framework Matrix 자료

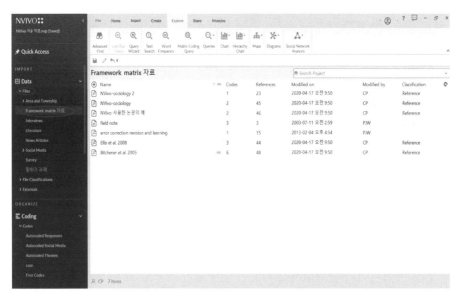

주제 영역에서 주 저자를 토픽으로 식별하였고,

저자 by 주제로 된 정보 파일을 사용하여 Case Nodes를 만들고

Case Node를 만들기 위하여 저자들이 진술한 내용을 비교하기 위하여 matrix coding query를 실행하고

case codes를 만들고 싶다면, 파일을 선택한다.

Files 〉 Create As 〉 Create As Cases

Select Location 〉 Codes 〉 OK 클릭

이름은 논문 주제를 입력하고 〉 OK를 클릭

아래와 같이 노드로 옮겨진 것을 알 수 있다.

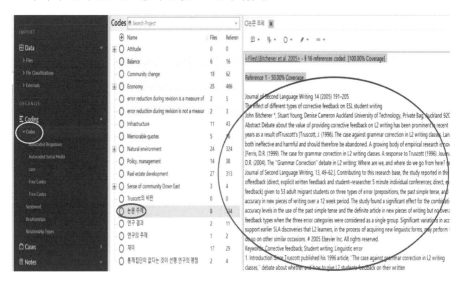

NVivo는 각각의 파일에 대해 각각의 노드를 만들고 여기에 모든 정보가 있는데 주제별로 다른 파일이 있고, 하나의 사례 노드에 모두 자르고 합치기를 할 수 있다.

Codes > Cut

재미로 합친다.

이름을 바꾸려면, 오른쪽 마우스 클릭 〉 code properties에서 이름을 변경한다.

Code Properties 〉 논문의 개념 〉 OK 클릭

저자의 연구 주제와 관련해 적절하거나 중요한 연구자에 대해 이 작업을 계속 수행 할 것이다.

Case Codes를 만들면 연구자들이 그 주제에 대해 어떤 진술을 하고 차이점이 무엇인지를 비교를 할 수가 있다.

4. NVivo Queries 기능을 활용한 문헌조사 기법
-해당 과제-2004 학생들은 언제 말문을 여는가?

　주제, 토픽, 저자 또는 경험을 바탕으로 한 증거 자료 뿐만 아니라 키워드를 찾고 토픽을 비교하고 관계를 찾아내기 위해 검색을 실행 할 수 있다. 모든 검색은 검색 메뉴에 저장이 되는데, text search query, word frequency, coding query, 그리고 matrix coding query를 다시 한 번 살펴보자.

Explore 〉 Word Frequency 클릭

Selected folders 선택

Select Folders 〉 말하기 자료 체크 마크 〉 OK 클릭

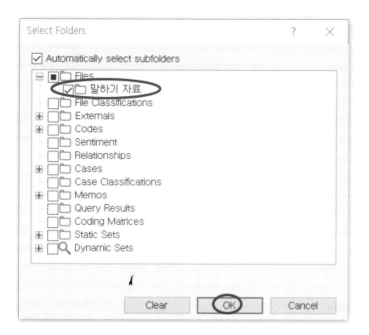

Word Frequency Query Results

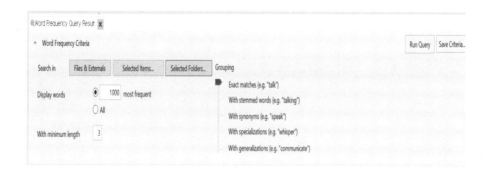

몇 명의 저자가 특수한 개념에 대해 언급했는지를 알아 볼 수 있다.

frequency queries를 모든 파일에 실행을 하거나 프로젝트에서 검색은 이야기 인 것 점을 확인하는 것이 관심이라면 특정한 수의 파일에 제한을 두어야 한다. Word Frequency Query Result > Run Query

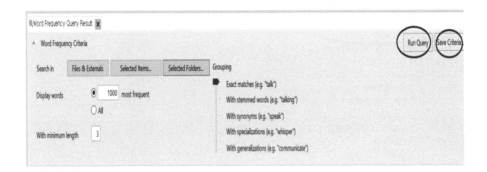

연구자는 단어 최소한 길이 3, 1,000번 가장 빈번하게 등장하는 단어가 무엇인 지를 NVivo에게 묻고자 한다. 파일에 있는 특정한 항목이나 선택된 폴더를 검색 하고자 하면, Run Query를 실행한다.

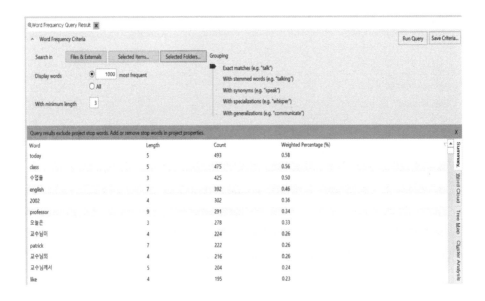

검색 단어의 범위를 100으로 제한할 수 있고

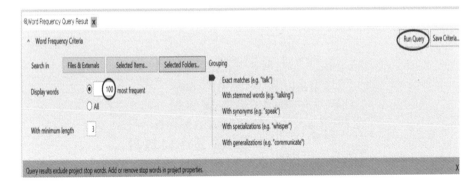

Codes를 만들 수가 있는데 이를 통해 저자가 말하고자 하는 아이디어 목록을 볼 수 있다.

Word Frequency Query Result의 오른쪽에 Word Cloud를 클릭하면 여러 가지 형태로 단어를 시각화해서 볼 수 있다.

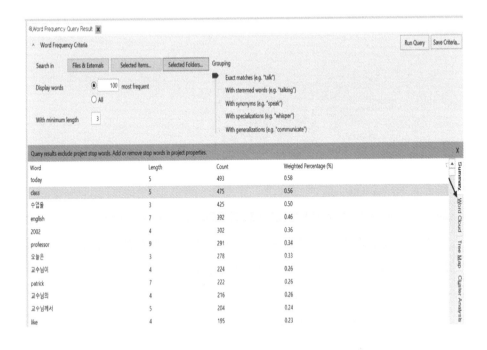

마우스 오른쪽을 클릭하면 Word Cloud 내보내기를 할 수 있다.

Summary tab에서 내용을 살펴보니 수업을 이라는 말이 빈도는 높으나 별다른 의미가 없어 목록에서 삭제 하고자 한다면

수업을 이라는 단어 옆에서 마우스 오른쪽을 클릭하고 단어 중지를 실행하면 다음 검색에는 단어 중지로 지정한 단어가 사라진다. 단어 중지 기능을 통해 프로젝트에 대한 통찰력을 얻을 수가 있다.

단어 목록 중 그리고 선택 〉 Add to Stop Words List 클릭

Word	Length	Count
today	5	493
class	5	475
수업을	3	425
english	7	392
2002	4	302
professor	9	291
오늘은	3	278
교수님이	4	224
patrick	7	222
교수님의	4	216
교수님께서	5	204
like	4	195
study	5	190
time	4	184
day	3	176
good	4	171
그리고	3	171
수업이		169
때문에		164
교수님은		156
hard		152
있었다		143
하지만		142
그래서		139
열심히		137
교수님		135

Open Code Preview   Ctrl+Shift+O

Run Text Search Query

Export List...

Print List

Create As Code

Add to Stop Words List

두 번째 검색 기능으로 Text Search Query가 있는데, 파일에서 특정한 단어나 표현을 찾는데 도움이 되며 소스에 연결이 되어 있어 단어가 포함된 모든 레퍼런스가 있는 Codes를 만들 수 있다.

재미를 입력

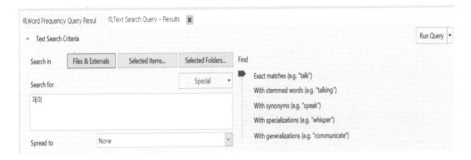

특정한 운영자 AND, OR, NOT 등을 사용 할 수도 있다.

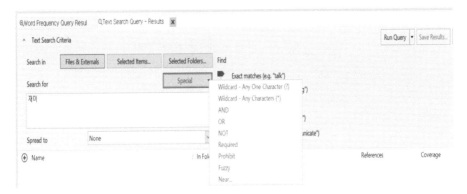

가능한 검색으로 '재미와 흥미', '재미'만 있는 경우로 자료 분석이 가능하다.

먼저 재미와 흥미가 있는 문서를 찾으려면 재미 입력 > Special 에서 AND 선택

흥미를 입력 > Run Query

아래와 같이 하나의 문서에 흥미와 재미가 있는 것을 알 수 있다.

다음으로 흥미를 제외하고 재미만 있는 문서를 찾아보자

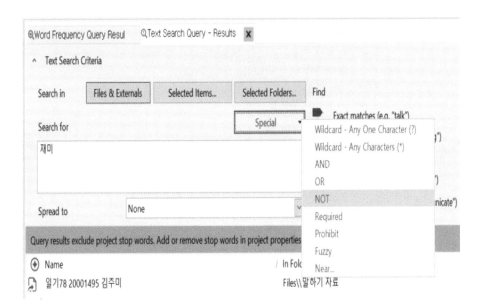

아래와 같이 재미만 있는 문서의 목록을 열람 할 수 있다.

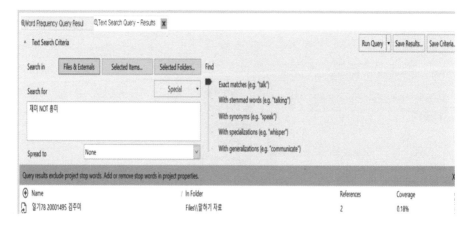

오은경 일기를 열람하려면 해당 문서를 두 번 클릭한다.

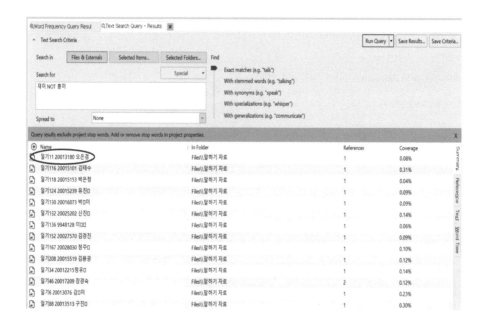

아래와 같이 자세한 내용을 열람 할 수가 있다.

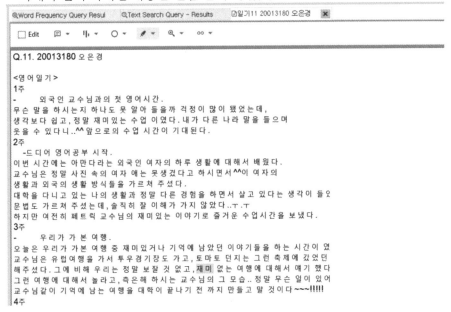

NVivo는 문서 간에 핵심어에 하이라이트를 하고 저자가 재미에 대해 언급하는 예를 쉽게 찾을 수 있다.

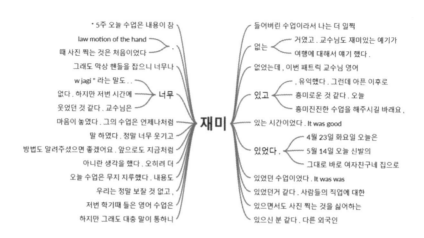

핸들과 재미가 관련성이 있는 부분이 있는데

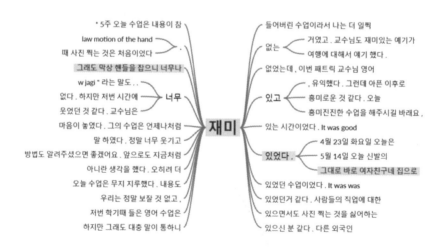

Run text search를 클릭 한다.

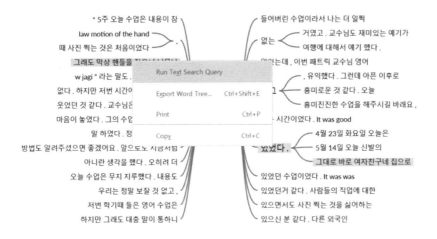

아래와 같이 관계를 언급하는 특정한 소스를 NVivo가 찾아준다.

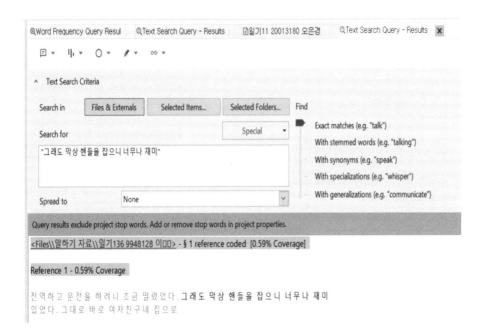

Text Search Query를 하고 나서 Codes를 만들려면 레퍼런스로 간다.

Name	In Folder	References	Coverage
일기11 20013180 오은경	Files\\말하기 자료	1	0.08%
일기116 20015101 김태수	Files\\말하기 자료	1	0.31%
일기118 20015153 박은정	Files\\말하기 자료	1	0.04%
일기124 20015239 유진□	Files\\말하기 자료	1	0.09%
일기130 20016073 박□미	Files\\말하기 자료	1	0.09%
일기132 20025202 신진□	Files\\말하기 자료	1	0.14%
일기136 9948128 이□□	Files\\말하기 자료	1	0.06%
일기152 20027570 김경진	Files\\말하기 자료	1	0.09%
일기167 20028030 청주□	Files\\말하기 자료	1	0.10%
일기208 20015519 김용광	Files\\말하기 자료	1	0.12%
일기34 20012215청유□	Files\\말하기 자료	1	0.14%
일기46 20017209 장경숙	Files\\말하기 자료	2	0.12%
일기6 20013076 김□미	Files\\말하기 자료	1	0.23%
일기88 20013513 구진□	Files\\말하기 자료	1	0.30%

Store query results를 클릭

Store Query Results 〉 Create Results as New Code or Case 〉 Select

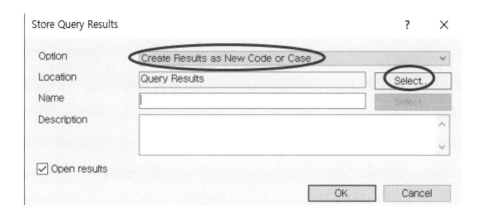

Select Location 〉 Codes 〉 OK를 클릭

재미 입력 〉 OK 클릭

Codes에 가면 재미에 관해서 누가 몇 번 언급 하고 있는지를 알 수 있다.

마지막으로, 문헌조사에서 빠질 수 없는 중요한 기능이 Matrix Coding Query이다.

(1)범주를 토대로 비교가 가능하고 (2)결과는 행과 열로 구성된 표로 전시가 되고 (3)매트릭스의 행과 열에 토픽 Codes, Case Codes를 저자나 속성으로 지정할 수 있고 (4)선행연구에서 괴리감을 보여주고 따라서 본 연구의 필요성을 역설하고자 할 때, 범주 간 교차의 수를 표로 만들어 볼 수 있고 (5)각 교차점에 코딩 된 내용이 무엇인지를 볼 수 있다.

구체적인 연구 맥락에서 예를 살펴보자.

연구 질문: 학습자들의 능력 차에 따른 사회문화적 요인의 관점에서 인식의 공통점과
차이점은 있는가?

Trees 〉 Sociocultural 〉 Chemyon, expectation 선택 〉 OK 클릭

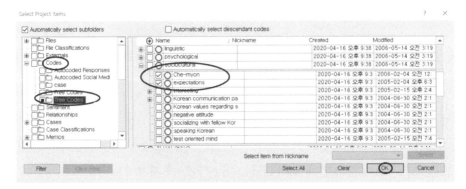

우측에서 다시 select items를 한다.

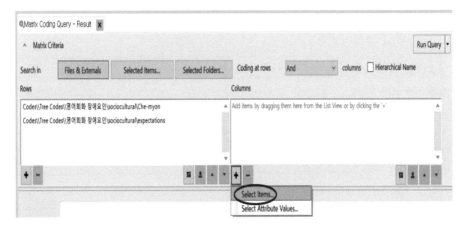

Case Classification 〉 ability 1, 2, 3, 4, 5 클릭 〉 OK를 클릭

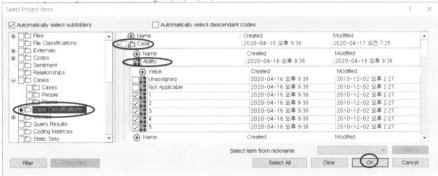

Run Query를 클릭 한다.

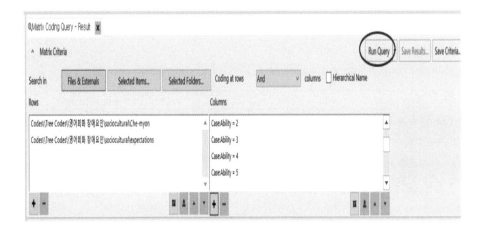

아래와 같은 결과를 볼 수 있다.

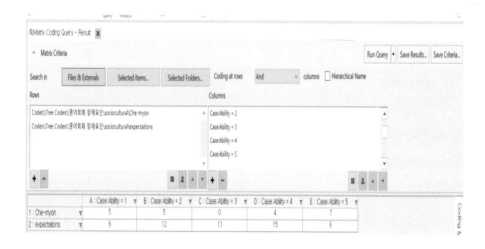

5번 째 그룹을 제외하고는 기대치가 체면 보다는 코딩 수가 많이 나오는데 이것은 참여자들이 기대치를 더 중요한 요소로 인식하고 있음을 의미한다.

Matrix Tools 〉 Row percentage를 선택 현재는 coding reference 임.

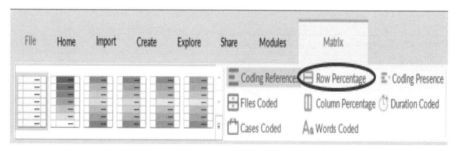

아래와 같이 퍼센트로 표현하기도 하고 Column percentage 나 Words coded로
표현 할 수도 있다.

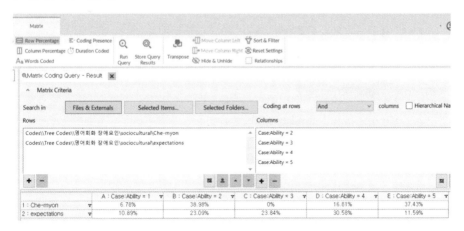

Matrix Cell을 열면

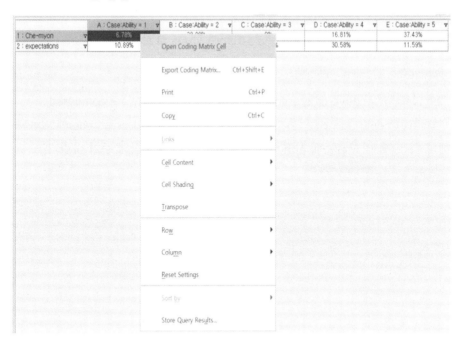

아래와 같이 코딩 된 내용을 볼 수 있다.

<Files\\말하기 자료\\일기91 20014061 박경철> - § 5 references coded [5.77% Coverage]

Reference 1 - 0.93% Coverage

2: because one is not familiar with others

Reference 2 - 1.12% Coverage

3: because not talking during class is an advantage

Reference 3 - 0.90% Coverage

4: because one can not speak English well

Reference 4 - 1.23% Coverage

3: because one is afraid that one's friends sneer at him

Reference 5 - 1.59% Coverage

3.It is hard because different the student and capability are compared.

　　Matrix Coding Queries는 Codes 와 attributes Codes 와 Codes로 Codes에 있는 주제나 Codes를 비교하는데 사용하는 기법이라는 점을 명심해 주기 바란다.

Matrix Coding Query

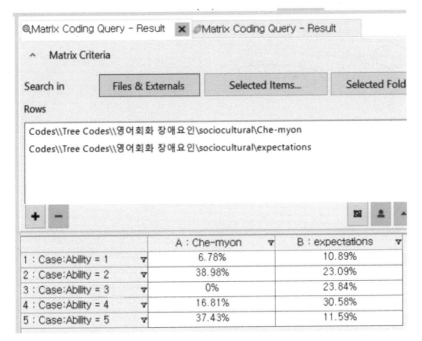

Framework Matrices로 자료를 표 형식으로 요약을 할 수도 있다. 파일에 있는 정보를 요약하거나 압축을 하고 격자에 표현하는데 행과 열로 구성되는데, 예를 들면, 논문 저자를 행, 코딩을 한 주제를 열로 배치하면 격자는 Case by Codes의 교차를 대표한다.

여기서는 저자 간 주제에 대한 논조의 공통점과 차이점을 보기 위하여 Framework Matrix를 사용하는 예를 시연해 보겠다.

Create 〉 Framework Matrix 클릭

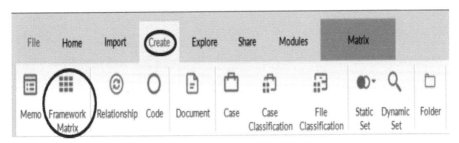

이름을 Literature review > Rows 클릭

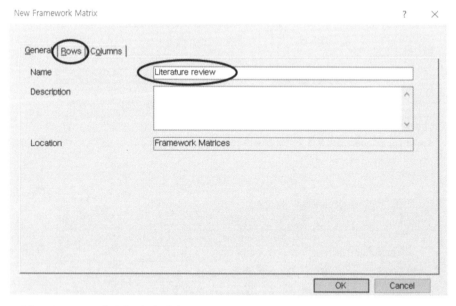

New Framework Matrix > Select

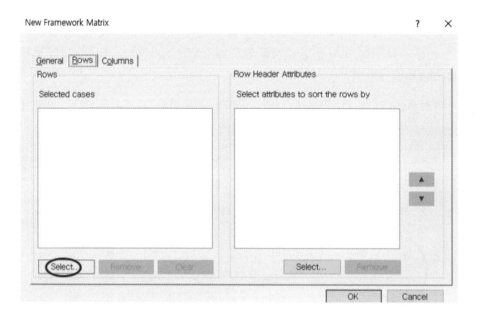

Cases 〉해당 문서 체크 〉OK 클릭

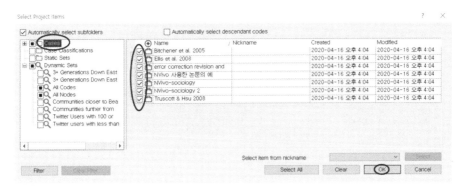

New Framework Matrix 〉Columns 〉Select

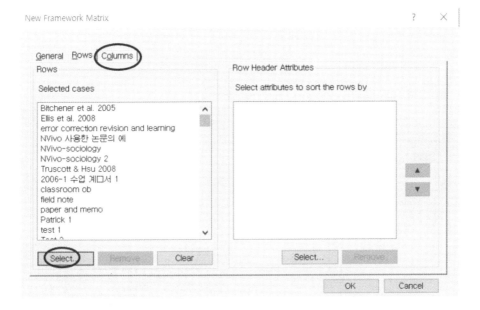

Columns 〉 Select

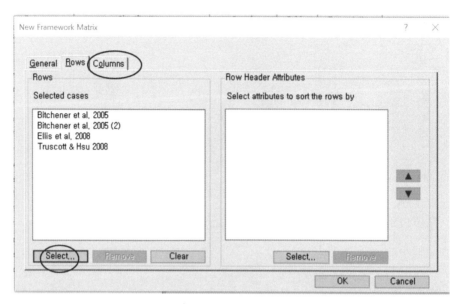

Row 와 Column이 정해졌고 OK를 클릭

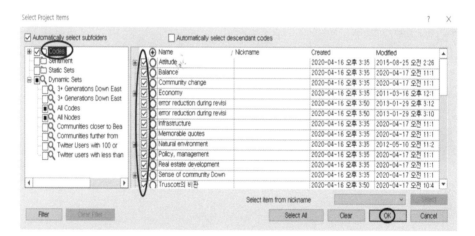

OK를 클릭

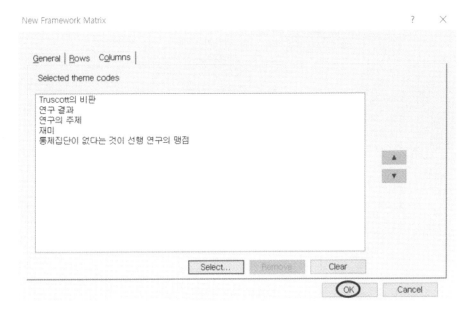

Auto Summarize를 클릭하면 코딩한 내용을 자동 요약을 해준다.

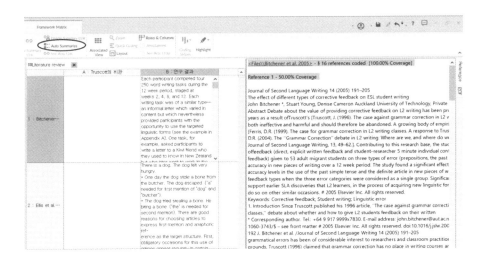

내보내기를 하려면 오른쪽 마우스 클릭 > Export을 클릭 한다.

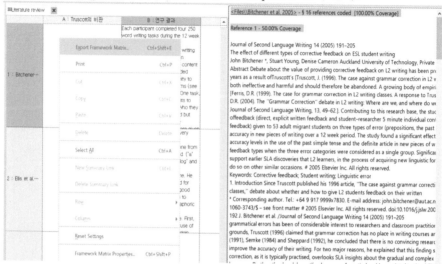

바탕화면 > Literature review > MS Excel > 저장 클릭

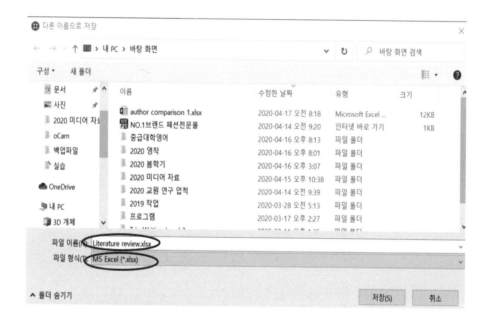

저자의 바탕화면에서 Literature review를 두 번 클릭 한다.

아래와 같이 결과를 엑셀에서 볼 수 있다.

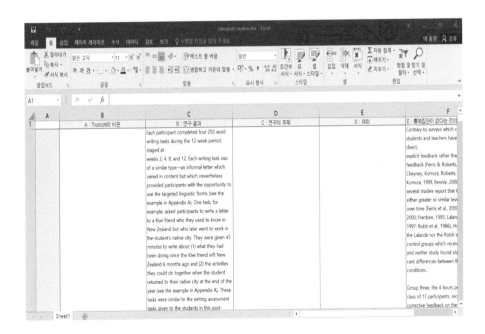

매트릭스로 구성된 저자 간 정의를 볼 수 있고, 비교나 공통점 파악이 매우 용이한데, 독자의 논문에 표 형식으로 첨부도 할 수 있다.

Quantitative Research Evaluation Criteria

1. Experimental Research

THE RESEARCH PROBLEM

1. What is the specific research problem (hypothesis or question) that this research will study (test or answer)? State the research problem.

2. Does the author intelligently deduce the research problem (hypothesis or question) from a reasonable and critical review of the literature, theory, or observation? State how this is accomplished.

3. Is the research problem significant; i.e., is it important to answer the research problem? Why? Is the significance stated? State the significance of the research problem (hypothesis or question).

4. Is there a need for this study? That is, is it necessary to conduct another study to answer the research problem? State how you know that there is a need for this study.

The Design and Methodology

A. THE INDEPENDENT VARIABLES OR TREATMENTS

1. Exactly what are the independent variables of the study? That is, what is it that the researcher will be manipulating? State each of these independent variables.

2. Have these independent variables been specified, defined and operationalized? State these specifications.

3 Are these independent variables appropriate for the stated research problem? State how they are or are not appropriate.

B. THE DEPENDENT VARIABLES

1. What are the dependent variables? That is, what variables are the independent variables designed to effect? Name these dependent variables.

2. Are these dependent variables valid or appropriate for the stated research problem? State their validity or lack of validity.

3. What are the measures of the dependent variables? That is, how are possible changes in the dependent variable to be quantified? State—precisely—how the dependent variables will be measured.

4. Are the measures of the dependent variable reliable and valid? That is, is the method of measurement or the measurement instrument reliable and valid? State this reliability and validity.

5. Are (the measures of the dependent variables appropriate indices of the dependent variable? State this appropriateness.

C. THE SAMPLE

1. What is the sample(s) and how large is it?

2. What population does the sample represent?

3. How was the sample selected from the population?

4. Is the sample an adequate representation of the population? State exactly how the sample is or is not an adequate representation of the population.

5. Are the population (from which the sample was selected) and the sample itself appropriate the stated research problem?

6. How were members of the sample assigned to experimental conditions?

7. Do you think that the selection of the sample and the assignment of the sample to experimental conditions meet the standards of random selection and random assignments, tate the basis of your answer.

D. THE PROCEDURES

1. What is the research design? State the design in (a) the nomenclature of research design (e.g., a 2-way ANOVA with repeated measures on the second factor), ordinary words, and (c) visual or graphic form.

2. How are the independent variables or treatments to be administered to the sample? Is the administration of the independent variables or treatments appropriate for the research problem? That is, how strong is the internal validity of the design and procedures? State how this administration is or is not appropriate.

3. How are the measures of the dependent variables administered? Is the procedure for administering the measures of the dependent variables appropriate for the research problem? State how this administration is or is not appropriate.

E. THE DATA ANALYSES

1. What data from the measures of the dependent variables are to be analyzed? Are these the appropriate data to be analyzed in relation to the research problem? Would the use of alternative data or quantification procedures affect the results?

2. How are the data analyzed? Describe these analyses in words and in visual or graphic form. That is, be able to state or display what groups are being contrasted and what measures for these groups are being contrasted.

3. Are all the appropriate data analyzed? Are all the appropriate contrasts between groups made?

F. THE FINDINGS

1. What are the findings reported? State the findings in both words and visual or graphic form.

2. Are the findings supported by the results of the data analyses?

3. Are all of the findings stated? If there are findings that should have been reported, but were not, what effect does this have on reported findings?

4. Are statistically significant findings educationally significant?

G. THE CONCLUSIONS

1. What are the stated conclusions?

2. Are the stated conclusions supported by the findings and logical deduction from the findings?

3. Are the stated conclusions related to the original research problem? How are the

stated conclusions related to previous research?

4. Are all the pertinent conclusions stated?

5. Are alternative hypotheses or alternative explanations of the findings proffered? If so, are they discounted by logic or previous research or does the researcher offer these alternative explanations as significant future research problems?

6. Are the limitations or the qualifications of the findings and conclusions provided? State the specific qualifications that accompany the conclusions.

2. Correlation and Regression Research

THE RESEARCH PROBLEM

1. What is the specific research problem (hypothesis or question) that this research will study (test or answer)? That is, why is the researcher bothering to find the relation between two or more variables? State the research problem.

2. Does the author intelligently deduce the research problem (hypothesis or question) from a reasonable review of the literature, theory, or observation? State how this is accomplished.

3. Is the research problem significant? That is, is it important to have the answer to the research problem? Why? Does the author state the significance? State the significance of the research problem (hypothesis or question).

4. Is there a need for this study? That is, is it necessary to conduct another study to answer the research problem? State how you know that there is a need for this study.

THE METHODOLOGY

A. THE VARIABLES OR CORRELATES: PREDICTOR INDEPENDENT – Criterion DEPENDENT

1. Exactly what are the variables that will be related? State each of these variables.

e.g., X to Y   What is the X, what is the Y, and how is each measured?

independent/predictor

What is the independent/predictor variable(s)? to dependent/criterion

What is the independent/predictor variable(s)?

What dependent/criterion variable is it predicting?

How is each measured?

2. Have these variables been specified, defined and operationalized? State how.

3. Are these variables appropriate for the stated research problem? State how they are or are not appropriate.

4 What are the measures of the variables? That is, how are the variables to be quantified? State– precisely–how the variables will be measured.

5. Are the measures of the variables reliable and valid? That is, is the method of measurement or the measurement instrument reliable and valid? State this reliability and validity.

6. Do the variables that are to be correlated consist of a part–whole relation: i.e., the Vocabulary subtest of the WISC–R correlated with the WISC–R Verbal Scale or Total Scale score–the Vocabulary subtest being a subtest of both. When a correlation coefficient is calculated between the score on a whole test and the score on a portion or subtest of that test, then a portion of the correlation coefficient consists of the correlation between the subtest and itself.

THE SAMPLE

1. What is the sample(s) and how large is it?

2. What population does the sample represent?

3. How was the sample selected from the population?

4. Does the sample of subjects adequately reflect the entire range of variability on the variable(s) being measured? That is, is it known that range of variability of the sample (or selected data from the sample) has not been restricted (e.g., as the range of variability on academic aptitude is restricted for those high school juniors and seniors taking the SAT or ACT is severely restricted or curtailed). calculations based upon samples that are restricted in their range can dramatically affect the size of the correlation coefficient.

5. Is the sample an adequate representation of the population? State exactly how the sample is or is not an adequate representation of the population.

6. Are the population (from which the sample was selected) and the sample itself appropriate for the stated research problem?

THE PROCEDURES

1. How are the measures of the variables administered? Is the procedure for administering the measures of the variables appropriate for the research problem? State how this administration is or is not appropriate.

THE DATA ANALYSES

1. Is the relation between the variables of any correlation coefficient (r or Multiple R) or regression weight linear? If not, have other correlational procedures that account for non-linear data been used? Product- moment correlation coefficients based upon data that are not linearly related can lead to spurious interpretations.

2. What data from the measures of the variables are to be related? Are these the appropriate data to be correlated in relation to the research problem? Would the use of alternative data or quantification procedures affect the results? In a regression equation, have all important variables been included?

3. What correlational method is used to analyzed the data? Is it appropriate? e.g.,

Procedure	Common Symbol	Variables (X and Y)
Pearson Product-Moment	r	Continuous & Continuous
Spearman *Rho* (rank order)	ρ	Rank Order & Rank Order
Kendall *Tau* (rank order)	τ	Rank Order & Rank Order ($n<10$)
Eta (non-linear data)	η	Continuous & Continuous
Biserial	r_b	Artificial Dichotomy & Continuous
Point Biserial	r_{pb}	True Dichotomy & Continuous
Tetrachoric	r_t	Artificial Dichotomy & Artificial Dichotomy
Phi coefficient	ϕ	True Dichotomy & True Dichotomy
Partial	$r_{ab.c}$	
Multiple	R	

4. Describe this analyses in words and in visual or graphic form. That is, be able to state or display what variables are being related and what measures for these groups are being used.

5. Are all the appropriate data analyzed? Are all the appropriate correlations between groups made?

THE FINDINGS

1. What are the findings (relations) reported? State the findings in both words and visual/graphic form.

2. Are the findings supported by the results of the data analyses?

3. Are all of the findings stated? if there are findings that should have been reported, but were not, what effect does this have on reported findings?

4. Are statistically significant findings educationally significant?

THE CONCLUSIONS

1. What are the stated conclusions? Are the conclusions worded in a manner that avoids stating a definite cause–effect relation between X and Y when they are significantly correlated? Inferences regarding potential cause effect relations between significantly correlated variables are acceptable; but do these inferences take into account that the relation between X and Y might be due to the fact that:

a. X causes Y

b. Y causes X

c. some other variable, Z, causes both X and Y (or X causes Z which causes Y or Y causes Z which causes X)

d. the correlation is coincidental.

2. Are the stated conclusions supported by the findings and logical deduction from the findings?

3. Are the stated conclusions related to the original research problem? Are the stated

conclusions related to previous research?

4. Are all the pertinent conclusions stated?

5. Are alternative hypotheses or alternative explanations of the findings proffered? if so, are they discounted by logic or previous research or does the researcher offer these alternative explanations as significant future research problems?

6. Are the limitations or the qualifications of the findings and conclusions provided? State the specific qualifications that accompany the conclusions.

Be careful in the use of the terms correlation and correlation coefficient. Use the term correlation when referring to a general relation between two or more variables, but when referring to the specific degree of relation, use the term correlation coefficient. e.g.,

IQ and reading ability are usually highly correlated.

The Department of Education found a correlation coefficient of.84 between DRP and Otis-Lennon IQ scores.

3. Quantitative Descriptive/Observational Research

THE RESEARCH PROBLEM

1. What is the specific question(s) the research will answer (i.e., what is the research problem)?

2. Does the author intelligently deduce the research problem from a reasonable review of literature, theory, or observation? State how this is accomplished.

3. Is the research problem significant? Why? Does the author state the problem's significance?

4. Is there a need for this study? What are the bases of your decision?

THE METHODOLOGY AND PROCEDURES

A. THE VARIABLES TO BE OBSERVED

1. What is going to be observed or described? State the variables to be observed.

2. Have the variables been specified, defined, and operationalized?

3. Does the operationalization of the variable(s) affect the original research question?

4. What are the limitations resulting from the operationalization of the variable(s)?

B. THE POPULATION AND SAMPLE

1. What is the population the sample is to represent?

2. How was the sample selected?

3. Is this sample representative of the population? State precisely how it is or is not.

4. Are the population and sample appropriate for the stated research problem?

C. THE PROCEDURES

1. How are the data for the observations or descriptions to be collected? State these procedures.

2. Are procedures precisely stated?

3. Are these procedures valid? reliable?

4. How does the process of observation affect what is to be observed?

THE DATA AND DATA ANALYSIS

1. What data will actually be collected (e.g., minutes on task, number of occurrences)?

2. How will these data be quantified and summarized?

3. Are these quantification procedures valid? Would a different quantification procedure result in different data, therefore different analyses, findings, conclusions?

4. How are the data analyzed? Is this analysis appropriate?

THE FINDINGS

1. Precisely, what are the findings and are they stated clearly? State the findings in both words and graphic form.

2. Are the stated findings supported by the reported data and data analysis procedures

3. Are all the findings stated? if there were findings that should have been stated, but were not, what effect does this have on the reported findings?

4. If statistically significant, are the findings educationally significant?

THE CONCLUSIONS

1. What are the stated conclusions?

2. Are the conclusions logically inferred from the findings?

3. Are the conclusions related to the theory or knowledge that led to the original research problem?

4. Are all the pertinent conclusions stated?

5. Are alternative interpretations of the findings proffered? if so, are they discounted by logic or previous research or does the researcher offer these alternative hypotheses as significant future research problems?

6. Are suggestions for further research provided?

7. Do the conclusions state how to apply the findings to educational situations?

8. Does the author acknowledge and state the parameters or limits of his/her sample? data? findings? conclusions?

Qualitative or Naturalistic Research Evaluation Criteria

The Types of Qualitative Research

Genre Ⅳ: Participant Observation / Interview Research

      Ethnographic methods

      Participant observation with interviews

      Naturalistic observation with interviews

Genre Ⅴ: Case Study Research

      Case study methods

Document Analysis Research

The types of document analysis research

Genre Ⅵ: Historical Research

Genre Ⅶ: Reviews of Research

      Traditional or ballot reviews

      Meta-analysis reviews

Genre VIII: Critical Research

        Research criticism

        Critical research

Genre IX: Theoretical Research

1. Evaluation Criteria of Historical Research

THE PROBLEM

1. What is the subject of the research?

2. What is the specific problem(s) (question or hypothesis) to which the research is directed?

    a. Is it stated explicitly?

    b. Is the terminology defined in explicit and operational terms?

3. What is the significance of this problem?

    a. Is it stated explicitly?

    b. Is this research necessary? Why?

4. Does the researcher tell you why s/he is interested in this problem? Why?

5. How was the problem derived?

6. How is the problem delimited?

    a. What are the limits or parameters?

    b. What will not be included? Why?

7. What assumptions has the researcher made in stating the problem?

8. Does the researcher relate the problem to other research?

9. What is the researcher's point of view in researching this problem?

10. Is the problem research, or is the purpose to reorganize particulars (drawn, probably, entirely from secondary sources) for the purpose of explanation—i.e., a textbook?

THE SOURCES

1. What are the major sources of this research?

   a. What are the major primary sources?

   b. What are the major secondary sources?

2. How were the major sources identified?

3. Are the sources identified in such a manner that you could locate them if necessary?

4. Are the sources sufficient to address the problem?

5. What evidence does the researcher give you that indicates s/he exhausted the available resources? (Note the way this is worded. It is not necessarily expected that the reader be able to judge on the basis of his or her own knowledge—if all sources have been exhausted; but it is expected that the author gives the reader sufficient information to be able to believe that all credible sources have been included.

6. Has the researcher's point of view limited the resources selected?

EXTERNAL CRITICISM–ESTABLISHING THE AUTHENTICITY OF THE SOURCES

1. How did the researcher establish the authenticity of the resources and are these procedures explained in detail? (Again, it may not be possible for the reader to judge the authenticity, but part of the historian's task is to establish in his or her text the bases for accepting the authenticity of the resources).

2. What sources–if any–were deleted because of inability to establish authenticity?

   a. Was this elimination valid?

   b. How does this elimination affect the researcher's ability to study the problem fully?

INTERNAL CRITICISM–EXTRACTING CREDIBLE INFORMATION FROM THE SOURCES

1. What is the veracity of the content of the sources?

   a. Was the witness able to tell the "truth"?

   b. Was the witness willing to tell the "truth"?

   c. Is there corroboration of the report?

2. How does the researcher account for the credibility of secondary sources?

SYNTHESIS–THE ORGANIZATION AND WRITING OF THE REPORT

1. What is the organization of the report (e.g., thematic, biographical, functional, geographical, chronological)?

   a. Is it logical and appropriate?

   b. Is it comprehensible?

2. What are the major particulars (i.e., what is new?)?

3. Does the reporting appear to be exhaustive (i.e., do you feel the author has re-created " ... a verisimilar image of as much of the past as the evidence makes recoverable?")

4. What impact does the researcher's point of view have on the selection of the particulars, their interpretation, and the conclusions and hypotheses drawn?

5. Are the particulars interpreted within the customs, state of knowledge, etc. of the time in which they occurred?

6. What are the major conclusions and hypotheses?

   a. Are they supported by the particulars?

   b. Are they reasonable and logical?

   c. Do they incorporate all related particulars?

   d. Are there alternative conclusions and hypotheses?

7. Does the researcher posit causes/effects?

   a. If so, what are they?

   b. Are there multiple causes for an effect or only one cause for an effect?

      i . If only one cause, is this probable in light of typical human events?

      ii. Could there be other causes?

   c. Are the cause/effect postulations supported by the particulars?

   d. Are they reasonable and logical?

   e. Do they incorporate all related particulars?

   f. Are there alternative interpretations of cause/effects?

■ REFERENCES ■

박휴버트, & Hubert, H. (2015). 문화적/상황적 영향에 의한 학습자와 교사의 신념이 EFL학습전략에 미치는 효과.『영어어문교육』, 21(4), 209-231.

장경숙 & 전영주. (2013). 학교 컨설팅 단 운영에 관한 기초 연구.『영어교과교육』, 12(1), 77-95.

정지윤, & 전지현. (2013). 대학생이 인지하는 영어 격차 현상.『교과교육학연구』, 17(1), 71-90.

한종임. (2009). 동시성 컴퓨터 매개 문자 기반 표현 활동의 영어말하기 능력에의 전이 가능성 연구.『영어교육』, 64(4), 439-467.

Bohinski, C. A., & Leventhal, Y. (2015). Rethinking the ICC Framework: Transformation and Telecollaboration. *Foreign Language Annals, 48*(3), 521-534. doi:10.1111/flan.12149

Chang, J.-T. (2006). The development of on-line ELT content based on digital storytelling. *Multimedia Assisted Language Learning, 9*(3), 217-239.

Creswell, J. W. (2003). *Research design: qualitative, quantitative, and mixed methods approaches.* California: Sage.

Damen, L. (1987). *Culture learning. Santiago*: Addison-Wesley.

Ellingson, L. L. (2009). *Engaging crystallization in qualitative research*: An introduction. Thousand Oaks, CA: Sage.

Flick, U. (2002). An introduction to qualitative research (2nd ed.). London: Sage.

Holliday, A. (2002). *Doing and writing qualitative research.* Thousand Oaks: Sage.

Kibby, M. W. (1994). *Educational statistics makes it easy.* Unpublished manuscript, Buffalo, NY.

Kvale, S. (1994). Ten standard objections to qualitative research interviews. *Journal of Phenomenological Psychology,* 25(2), 147–173.

Laughlin, V. T., Wain, J., & Schmidgall, J. (2015). Defining and Operationalizing the Construct of Pragmatic Competence: Review and Recommendations. ETS Research Report Series, 2015(1), 1–43. doi:10.1002/ets2.12053

Maeng, U., & Lee, S.-M. (2015). EFL teachers' behavior of using motivational strategies: The case of teaching in the Korean context. *Teaching and Teacher Education,* 46, 25–36. doi: https://doi.org/10.1016/j.tate.2014.10.010

Maxwell, J. A. (1996). *Qualitative research design.* Newbury Park, CA: Sage.

Murday, K., Ushida, E., & Ann Chenoweth, N. (2008). Learners' and teachers' perspectives on language online. *Computer Assisted Language Learning,* 21(2), 125–142. doi:10.1080/09588220801943718

Namey, E., Guest, G., Thairu, L., & Johnson, L. (2008). Data reduction techniques for large qualitative data sets. In G. Guest & K. M. MacQueen (Eds.), *Handbook for team-based qualitative research* (pp. 137–61). Lanham, MD: AltaMira Press.

Nunan, D. (1992). *Research methods in language learning.* Cambridge: Cambridge University Press.

Oh, H. S., & Park, M. R. (2013). A Case Study of Elementary School Underachievers' SMART Vocabulary Learning Experiences. *Multimedia-Assisted Language Learning,* 16(2), 71–92.

Ryan, G. W. & Bernard, H. R. (2000). Data management and analysis methods, In Denzin, N. K. & Lincoln, Y. S.(eds.), *Handbook of qualitative research* (pp.769–802). London: Sage.

Park, C. (2011a). Qualitative data analysis: *NVivo 9 Fundamentals*. Pusan: Pukyong National University Press.

Park, C. (2011b). Qualitative data analysis: *NVivo 9 Applications*. Seoul: Hyungsul.

Park, C. (2011c). The effect of selective feedback on accuracy, fluency, and complexity. *English Language Teaching* 23(4).

Park, C. (2011d). The Impact of Sociocultural Constraints on the Process and Product of Language Learning. *Journal of North-East Cultures* 27, 231-251.

Park, C. & Lee, Hye-Won. (2010). What makes a case study really qualitative?: Show me your evidence, please! *English Teaching* 65(4), 81-103.

Park, C. (2009). Systematic management and analysis of qualitative data for the field researchers: NVivo 8 Applications. Seoul: Hyungsul.

Park, C. (2006). Understanding qualitative research: Learning by doing. Seoul: Hankookmunwhasa.

Park, C. (2005). An invitation to the revolution of qualitative data analysis. Seoul: Hyungsul.

Park, C. (2004a). From qualitative to quantitative continuum: Exploring the possibility with the aid of CAQDAS (Nvivo 2). *English Teaching,* 59(4), 71-91.

Park, C. (2004b). Factors that Negatively Influence Oral Interaction in-and-out of the Classroom. *Foreign Languages Education,* 11(4), 343-372.

Park, C. (2004c). When are Korean students ready to talk? *English Language Teaching,* 16(2), 209-245.

Park, C. (2002). Voice type and QSR NUD*IST: Computer aided qualitative data entering and analysis. *English Language Teaching,* 14(2), 131–165.

Park, C. (2000). Peer pressure and learning to speak English: Voices from the selected learners. *English Teaching,* 55(4), 231–268.

Park, C. (2004). From Qualitative to Quantitative Continuum : Exploring the Possibility with the Aid of the CAQDAS (Nvivo 2). *English Teaching,* 59(4), 71–95.

Park, C. (2007). Revisiting Error Analysis in English Composition. 『영어교육연구』, 19(1), 57–83.

Peng, J.-E. (2011). Changes in language learning beliefs during a transition to tertiary study: The mediation of classroom affordances. *System,* 39(3), 314–324. doi:http://dx.doi.org/10.1016/j.system.2011.07.004

Richards, K. (2003). *Qualitative inquiry in TESOL.* NY: Macmillan.

Ryan, G.W. and Bernard, H. R. (2000). Data management and analysis methods, in Denzin, N.K. and Lincoln, Y.S. (eds.) *Handbook of qualitative research* (pp.769–802). London: Sage.

Saldana, J. (2009). *The coding manual for qualitative researchers.* London: Sage.

Seale, C. (2000). Using computers to analyze qualitative data, In D. Silverman(ed.), *Doing qualitative research: A practical handbook* (pp.154–74). London: Sage.

Seo, J.-I. (2014). The Impact of Cognitive Style on Errors in English Writing Through Extensive Reading: A Case Study. *English Teaching,* 69(2), 175–198.

Shin, D. (2003). Developing performance criteria for NNS English Teachers' Teaching of English: From the perspective of ESP. *English Teaching,* 58(4), 61–98.

Shin, M. Y. (2014). Listening Strategy Instruction with the Assistance of Using Portfolio Assignment. *Studies in English Education,* 19(1), 1–33.

Tesch, R. (1990). *Qualitative research: Analysis types and software tools.* New York: Falmer.

Van de Ven, A. H. & Poole, M. S. (1995). Methods for studying innovation development in the Minnesota Innovation Research Program. In G. P. Huber & A. H. Van de Ven (Eds.), *Longitudinal field research methods: Studying processes of organizational change* (pp.155–85). Thousand Oaks, CA: Sage.

Van Lier, L. (1988). *The classroom and the language learner.* London: Longman.

Winke, P., & Gass, S. (2013). The Influence of Second Language Experience and Accent Familiarity on Oral Proficiency Rating: A Qualitative Investigation. *TESOL Quarterly,* 47(4), 762–789. doi:10.1002/tesq.73

Wolcott, H. F. (1994). *Transforming qualitative data: description, analysis, and interpretation.* Thousand Oaks, Calif.: Sage.